大展好書　好書大展
品嘗好書　冠群可期

大展好書　好書大展
品嘗好書　冠群可期

武學名家典籍校注13

劉殿琛 形意拳術抉微

劉殿琛 著
王銀輝 校注

大展出版社有限公司

出版人語

武術作為中華民族文化的重要載體，集合了傳統文化中哲學、天文、地理、兵法、中醫、經絡、心理等學科精髓，它對人與自然和諧共生關係的獨到闡釋，它的技擊方法和養生理念，在中華浩如煙海的文化典籍中獨放異彩。

隨著學術界對中華武學的日益重視，北京科學技術出版社應國內外研究者對武學典籍的迫切需求，於二〇一五年決策組建了「人文·武術圖書事業部」，而該部成立伊始的主要任務之一，就是編纂出版「武學名家典籍」系列叢書。

入選本套叢書的作者，基本界定為民國以降的武術技擊家、武術理論家及武術活動家，而之所以會有這個界定，是因為民國時期的武術，在中國武術的發展史上占據著重要的位置。在這個時期，中、西文化日漸交流與融合，傳統武術從形式到內容，從理論到實踐，都發生了巨大的變化，這種變化，深刻干預了近現代中國武術的走向。

這一時期，在各自領域「獨成一家」的許多武術人，之所以被稱為「名人」，是因為他們的武學思想及實踐，對當時及現世武術的影響深遠，甚至成為近一百年來武學研究者辨識方向的座標。這些人的「名」，名在有武術的真才實學，名在對後世武術傳承永不磨滅的貢獻。他們的各種武學著作堪稱為「名著」，是中華傳統武學文化極其珍貴的經典史料，具有很高的文物價值、史料價值和學術價值。

目前，「武學名家典籍」校注，已出版了著名楊式太極拳家楊澄甫先生的《太極拳使用法》《太極拳體用全書》，一代武學大家孫祿堂先生的《形意拳學》《八卦拳學》《太極拳學》《八卦劍學》《拳意述真》，武學教育家陳微明先生的《太極拳術》《太極劍》《太極答問》，董英傑先生的《太極拳釋義》，李劍秋先生的《形意拳術》，李存義先生的《岳氏意拳五行精義》《岳氏意拳十二形精義》《三十六劍譜》。

劉殿琛是清末民初的形意大家劉奇蘭之子，劉奇蘭又是形意拳宗師李洛能的高足，故而劉殿琛的形意拳得自家傳。同時，劉殿琛還將形意拳帶入北洋法政學堂、京師等四中學、清華學校，因此可以說，他又是一位形意拳教育家。本書出版於民國九年（一九二〇年），佈局宏大，立論精闢，是近代武術名著之一，呈現了百年前的河北派形意拳面貌。

這些名著及其作者，在當時那個年代已具有廣泛的影響力，而時隔近百年之後，它們對於現階段的拳學研究依然具有指導作用，依然被太極拳研究者、愛好者奉為宗師，奉為經典。對其多方位、多層面地系統研究，是我們今天深入認識傳統武學價值，更好地繼承、發展、弘揚民族文化的一項重要內容。

本叢書由國內外著名專家或原書作者的後人以規範的要求對原文進行點校、注釋和導讀，梳理過程中尊重大師原作，力求經得起廣大讀者的推敲和時間的考驗，再現經典。

「武學名家典籍校注」，將是一個展現名家、研究名家的平台，我們希望，隨著本叢書的陸續出版，中國近現代武術的整體風貌，會逐漸展現在每一位讀者的面前；我們更希望，每一位讀者，把您心儀的武術家推薦給我們，把您知道的武學典籍介紹給我們，把您研讀詮釋這些武術家及其武學典籍的心得體會告訴我們。我們相信，「武學名家典籍校注」這個平台，在廣大武學愛好者、研究者和我們這些出版人的共同努力下，會越辦越好。

導讀

劉文華，字殿琛，河北深縣（今河北省深州市）人，是清末民初的形意拳大家、形意拳教育家，曾經任教於天津北洋法政學校、京師清華學校（今清華大學前身）、天津中華武士會（任總教習）、京師尚武學社（任總教習）、京師第四中學（今北京四中前身）、山西國民師範學校等。

劉殿琛先生的父親劉奇蘭，是形意拳宗師李洛能先生的高足。先生的形意拳得自家傳，父子兩代人都為形意拳的發展和傳播做出了巨大貢獻。

劉殿琛先生於民國九年（一九二〇年）出版的《形意拳術抉微》一書，是我國近代的武術名著之一。該書佈局宏大，立論精闢。其上卷總論部分的丹田論、煉氣說、運動筋肉說、六合論、七疾論、起落鑽翻橫豎辨等已成為形意拳理論寶庫中的經典文獻。其下卷分論部分的五行拳總結、十二形拳總結、劍法總結、槍法總結，雖說文字簡短，卻直達形意原理的核心，對學習者具有不可忽視的提示和點化作用。

該書對形意拳中的五行拳、十二形拳、進退連環拳，五行劍、十二形劍、進退連環劍，五行槍、十二形槍、進退連環槍進行了完整、準確的講解，給我們留下了寶貴的文字記錄，使我們得以看到一百年前的（河北派）形意拳面貌。那些同名的拳、劍、槍又正好可以互相參證，使我們更進一步地理解前人的創拳思路。其中的十二形劍、十二形槍，如今已少有人練，讀者如要照書練習，也定會開練有益。

這次應北京科學技術出版社王躍平編輯之約，對該書進行點校、注釋工作，業已完成，茲說明如下：

一、原著沒有斷句和標點符號，這次對全書所有文字進行了嚴格、細緻的點斷，並根據句意、文意及各句、各部分之間的邏輯關係，加上恰當的標點符號；並且進行了更為細緻的分段。

二、原著是用文言文寫成的，這對於習慣了現代文閱讀的讀者而言，是一個很大的障礙。書前的四篇序言及上卷總論中的六篇拳論都比較艱深；下卷分論中拳、劍、槍的動作說明雖然較為淺易，但由於作者長期在大、中學校和軍隊教授（形意）武術，所以形成了語言密度大、節奏快、精幹省略的風格。這次對全書難解的字、詞、句、篇進行了密度不一的注釋，艱深的地方注釋密度大一些，相對淺易的地方注釋密度小一些。對於四篇序言及總論前言、丹田論、煉氣說、運動筋肉說、六合論、七疾論、起落鑽翻橫豎辨、分論前言等十二篇文章，給出了全部的參考譯文。對於拳、劍、槍的動作說明，在解釋時進行了必要的補充以使之連貫。

三、《運動筋肉說》篇，以前由於理解困難，可能被讀者忽略了。其實，這是一篇價值極高的論文。在這篇論文中，作者運用肌肉解剖學，對形意拳的間架結構及其形成機制給出了詳盡的分析講解。這在一百年前，是一件非常了不起的創舉！我們在敬仰前輩的舊學修養的同時，不禁又為他的科學精神、科學思維而讚歎！這次，校注者對這篇論文進行了嚴謹的注釋，並給出了全篇參考譯文，將涉及的肌肉名稱全部轉換成現在通行的名稱，給讀者閱讀提供了極大的便利，希望讀者朋友重視起來，認真讀一遍該文。

四、在十二形總結中提出的形意拳「六方用力」理論，也是作者的獨到見解，該理論對於我們學習和理解形意拳有重大的指導意義，希讀者注意，不要讓前輩的珍貴發明湮沒在絢爛的文海中。

五、本書中的「躦拳」「躦劍」「躦槍」及「起落躦翻」中的「躦」字，全部直接改為現在通行的「鑽」字。「練丹」「練氣」徑改為「煉丹」「煉氣」。有關各處不再說明。

六、下卷圖片在文中的指示位置為校注者補錄，故以「（按：第×圖）」樣式標出。

以上將劉殿琛先生《形意拳術抉微》一書的標點、校訂和注釋工作進行了簡單的介紹，但願校注者的努力能為讀者朋友掃除閱讀和理解的障礙，讓大家都能順暢地享受前人留下的文化遺產，讓前人的武學著作更順利地走進習武者和武學研究者的生活。

限於校注者的水準，特別由於現在形意拳傳人的練法已與書中記載多有不同，尤其是十二形劍、十二形槍已少有人練，難以作為參考，因此本書的校注容有不完善之處，希望讀者朋友、各位專家不吝賜教，以便改進。

形意拳術抉微

深縣 劉文華 著

門人 劉經堂 劉亦琨 校

序

技擊①之術②，由來尚③矣。初民④鮮食⑤，其時無箭鏃、鋒刃之具⑥，乃⑦日與鷙禽猛獸相搏擊，且獵取之以實⑧口體⑨，其必有術焉以致之⑩。代遠年湮⑪，無可徵考⑫。要之⑬奮⑭手足之烈⑮，不假⑯五兵⑰，有斷然者。

【注釋】

①技擊：戰國時齊國步兵的攻守之術。後世稱搏擊敵人的武藝為技擊。

②術：方法。

③尚：久遠。

④初民：遠古、原始時代的人。

⑤鮮食：缺少食物。鮮，音ㄒㄧㄢˇ，少。

⑥鋒刃之具：有尖、有刃的武器。

⑦乃：卻。

⑧實：填充。

⑨口體：猶「口腹」，口與肚子。

⑩致之：得到它（指獵物）。

⑪代遠年湮：年代久遠。

⑫無可徵考：沒辦法查考。徵考，考求徵信。

⑬要之：要而言之，總之。

⑭奮：發揚，發揮。

⑮烈：功業，這裡指功能。

⑯假：借，借助於。

⑰五兵：五種兵器：戈、殳、戟、酋矛、夷矛，另一說：矛、戟、鉞、

楯、弓矢。這裡指各種兵器。

《月令》有角力之文①。春秋②時，挾輈③、超乘④、踰溝⑤、懸布⑥、抉門⑦，諸示武勇⑧於戰陣間者，為左氏傳⑨所侈陳⑩。又聞管子⑪之為教也，「於子之鄉，有拳勇股肱之力，筋骨秀出於眾者，有則以告」⑫。則其時重視此術⑬，可以概見。

【注釋】

①《月令》有角力之文：《月令》中有關於「角力」的記載。

按：《禮記·月令·孟冬》：「是月也……天子乃命將帥講武，習射御、角力。」角，音ㄐㄩㄝˊ，較量。

②春秋：時代名。因魯國編年史《春秋》得名。現一般以周平王元年（西元前七七〇年）到周敬王四十四年（西元前四七〇年）為春秋時代。

③挾輈：用胳膊夾著輈奔跑。輈，ㄓㄡ，古時坐人的馬車（這裡指戰車）居中彎曲的車槓。《左傳·隱公十一年》：「鄭伯將伐許。五月甲辰，授兵於大宮。公孫閼與潁考叔爭車，潁考叔挾輈以走，子都拔戟以逐之。及大逵，弗及，子都怒。」

④超乘：跳躍上車。《左傳·僖公三十三年》：「三十三年春，秦師過周北門，左右免冑而下，超乘者三百乘。」楊伯峻注：「超乘者，畢沅《呂氏春秋新校正》云：『蓋既下而即躍以上車，示其有勇。』超，《說文》云：『跳也。』畢說可信。」

⑤踰溝：跨過壕溝。《左傳·哀公十一年》：「師及齊師戰於郊。齊師自稷曲，師不踰溝。樊遲曰：『非不能也，不信子也，請三刻而踰之。』如之，衆從之。師入齊軍。」

⑥懸布：抓著懸掛的布登城。《左傳·襄公十年》：「主人縣（縣同『懸』）布，堇父登之，及堞而絕之。隊（同『墜』），則又縣之。蘇而復上者

三，主人辭焉，乃退。」

⑦抉門：舉起城門。《左傳·襄公十年》：「偪陽人啓門，諸侯之士門焉。縣門發，郰人紇抉之，以出門者。」

⑧武勇：威武勇猛。

⑨左氏傳：即《春秋左氏傳》，也稱為《左傳》或《左氏春秋》。儒家經典之一，春秋時左丘明所撰，為中國古代史學和文學名著。

⑩侈陳：極力鋪陳（敘述）。

⑪管子：春秋時齊國的國相管仲。曾經輔佐齊桓公成就霸業。

⑫於子之鄉……有則以告：出自《國語·齊語》。大意為：（桓公又對鄉長們說：）「在你的鄉里，發現勇敢強健、力氣出衆的人，就向上報告。（如果有而不告，叫埋沒賢能，要判五刑之罪。）」

⑬此術：指這種技擊之術。

華佗①有五禽之戲②，達摩③有易筋之傳④。岳忠武⑤教練士卒，雜採技擊，以張⑥其軍，故當時有「岳家軍」之目⑦。至明戚南塘⑧《紀效新書》⑨，始有《拳經》⑩一篇。清之初元，黃主一百家⑪，始著《內家拳法》。今俱行於世。至於戚氏所稱⑫宋太祖之三十二勢，溫家之七十二行拳，三十六合鎖，二十四棄探馬，八閃十二番，李半天之腿，鷹爪王之拿，千跌張之跌，張伯敬之打，又皆往昔專技⑬名家。惜書缺有間⑭，乃⑮無傳人，滋⑯可惜矣！今之論者⑰，以少林拳式區⑱而為五，曰龍、曰虎、曰豹、曰鶴、曰蛇，後人衍⑲之，曰獅、曰犬、曰猴，與華佗五禽之戲為近⑳，殆㉑亦異流而同源歟？

【注釋】

①華佗：？—二〇八年，東漢末醫學家。

②五禽之戲：即五禽戲，中國古代體育鍛鍊的一種方法，由漢末醫學家華佗首創，以模仿虎、鹿、熊、猿、鳥的動作和姿態進行肢體活動，可增強體質，

防治疾病。

③達摩：即「菩提達摩」（？—五二八年或五三六年），中國佛教禪宗創始人，傳為南印度人，曾住嵩山少林寺。

④易筋之傳：即《易筋經》，一種傳統的強筋壯力的鍛鍊方法，以某些特定姿勢結合調心調息加強人體筋骨和臟腑的功能。傳為達摩所傳。

⑤岳忠武：即岳飛（一一〇三—一一四二年），南宋抗金名將，字鵬舉，相州湯陰（今屬河南）人。宋高宗紹興十一年臘月二十九日，以「莫須有」的罪名與子岳雲及部將張憲同被殺害。孝宗時平反，追諡「武穆」；寧宗時追封「鄂王」，改謚「忠武」。所以後人敬稱為「岳武穆（王）」或「岳鄂王」「岳忠武（王）」。

⑥張：使強大。

⑦目：名稱。

⑧戚南塘：即戚繼光（一五二八—一五八七年），明抗倭名將、軍事家，字

元敬，號南塘，晚號孟諸，山東登州（今蓬萊）人。對練兵、治械、陣圖等都有創見，著有《紀效新書》《練兵實紀》《止止堂集》。

⑨《紀效新書》：兵書，明戚繼光撰，有兩種卷本：十八卷本共十八篇，作於嘉靖三十九年（一五六〇年）前後；十四卷本共十二篇，成書於萬曆十二年（一五八四年），是作者對十八卷本的修改，吸收了《練兵實紀》的精華，內容更為精粹，語言通俗，圖文並茂，集中體現了作者的建軍和作戰思想。

⑩《拳經》：指《紀效新書》十八卷本卷十四《拳經捷要篇》。

⑪黃主一百家：即黃百家（一六四三—一七〇九年），字主一，號不失，又號耒史，別號黃竹農家，浙江餘姚人。國子監生，黃宗羲第三子。好拳術，師事內家拳師王來咸（又名王瑞伯，字征南），承其傳，精通內家拳。著《內家拳法》，詳細介紹王來咸拳法。

⑫戚氏所稱：戚繼光所說的。

按：以下記載見於《拳經捷要篇》。

⑬專技：（技擊中的）專門技術。

⑭書缺有間：書籍記載的缺失已有多年了。語出《史記·五帝本紀》：「太史公曰：……《書》（指《尚書》）缺有間矣，其軼乃時時見於他說。」

⑮乃：而，又。

⑯滋：副詞。益，更加。

⑰論者：論武者。

⑱區：區分。

⑲衍：擴充。

⑳近：接近。

㉑殆：大概，恐怕。

吾友劉子殿琛，少壯習形意拳，甚有聲名。其術得自家傳，而遠宗①忠武拳式，殆即世所稱少林正宗。余曩昔長京師第四中學②，聘請來京授諸生拳術，溫然有儒者之風。余去職且四稔③，而劉子仍蟬聯教授，勿曠勿黜④，眾口翕然⑤，洵⑥所謂藝而進於道矣！屬⑦以新編《形意拳術抉微》一書相示，且將付梓⑧，堅請為序。余自揣不文⑨，又不曾肄習⑩此技，辭不獲已⑪，因⑫參稽⑬是術⑭之見於記載者，拉雜湊砌，以塞吾責焉耳矣。

中華民國九年⑮十一月　王道元⑯序於滬盧

【注釋】

①宗：尊崇，宗仰。

②余曩昔長京師第四中學：我以前在京城第四中學當校長。曩昔，往日，從前。京師，指北京。

③四稔：四年。

④勿曠勿黜：既沒有耽誤過課，也沒有被批評過。

⑤衆口翕然：大家一致稱讚。翕然，一致貌。

⑥洵：確實，誠然。

⑦屬：通「囑」，託付，請托。

⑧付梓：交付出版。

⑨自揣不文：自己衡量文采不夠。

⑩肄習：學習，練習。

⑪不獲已：不得已。

⑫因：於是。

⑬參稽：參酌稽考。

⑭是術：這種學術（指武術）。是，這。

⑮中華民國九年：即一九二〇年。

⑯王道元：一九一二至一九一七年任京師第四中學（今北京四中的前身）校長。字畫初，號賓義，直隸安州人，清季癸卯舉人，京師大學堂首居畢業，吏部

主事。一九一二年九月二十九日，京師順天中學堂改稱京師公立第四中學校，王道元由京師學務局任命，任首任校長。後人尊王道元為四中「奠基人」。

【譯文】

技擊之術，由來很久了。原始時代，人民缺少食物。那時，沒有弓箭、刀、矛之類的器具，卻要每天與鷙禽猛獸打交道，而且還要獵取它們來填飽自己的肚子，那一定有辦法得到它們。由於年代久遠，當時使用的方法已經無法查考，但總是發揮手腳的功夫，而不借助於各種兵器，這一點是可以肯定的。

在《禮記．月令》中，有關於「角力」訓練的記載。春秋時代，挾輈、超乘、踰溝、懸布、抉門等，各種在戰陣之中顯示武勇的英雄事蹟，被《左氏春秋》極力鋪陳敘述。還有管子在齊國頒佈的政令中，有「於子之鄉，有拳勇股肱之力，筋骨秀出於衆者，有則以告」這樣的文字，那麼那個時候國家對這種技擊之術的重視，可以想見它的大概情況。

東漢末的華佗，創造了五禽戲。南北朝時期的達摩，傳下來易筋經。南宋的岳忠武王教練戰士，博採各種技擊術，來強大他的部隊，因此當時有「岳家軍」的稱號。到了明朝的戚南塘寫作《紀效新書》，才有了《拳經捷要篇》。清初，黃主一即黃百家，才著了《內家拳法》。現今這兩種書都在世上流行著。至於戚氏在《拳經捷要篇》中所提到的「宋太祖之三十二勢，溫家之七十二行拳，三十六合鎖，二十四棄探馬，八閃十二番，李半天之腿，鷹爪王之拿，千跌張之跌，張伯敬之打」，又都是過去的專門技術名家。可惜書籍記載缺失多年，又沒有傳人，更可惜了！現今談論武術的人，認為少林拳分為五種，分別叫作龍拳、虎拳、豹拳、鶴拳、蛇拳，後人又加以擴充，稱為獅拳、犬拳、猴拳，這與華佗的五禽戲接近，大概也是異流而同源的關係吧？

我的友人劉殿琛先生，從少年時就習練形意拳，很有名氣。他的拳術得自家傳，而又遠奉岳忠武為始祖，恐怕就是世人所說的少林正宗吧。本人過去在京城第四中學當校長時，聘請他來北京教授學生拳術。他性格溫和有儒者風範。本人離職都快四年了，而劉先生仍然年年蟬聯那裡的武術教授，既沒有耽誤過課，也沒有過不好的評價，大家一致稱讚他的工作，眞是所謂精通藝術而且達到得道的水準了！最近他拿來新編的《形意拳術抉微》一書給我看，且說將要交付出版了，堅持請我為這本書作序。我自己衡量文采不夠，又沒有練習過這種技術，推辭不掉，不得已，於是參酌稽考關於這種技術的記載，拉拉雜雜，寫了一大堆，算是用來盡我的責任吧。

序

嗚呼，今之時代，一優勝劣敗、弱肉強食之世界也！立國於大地之上，其國民苟無尚武精神，不至於危亡者幾希①。觀夫②歐美之注重體育，及日本之以武士道為國魂者，其國強有由來③也。我國武術之精巧，久已著名於世，惜為專制政體所抑壓，以致未能發達。

幸民國改建④以來，國人多欲尚武圖強、提倡拳術。然我國拳術，門類繁雜，猶⑤多江湖花拳一流，徒⑥重美觀，不求實際，是亦為國人應注意者也。

民國四年，予任陸軍訓練總監處騎兵監長時，適⑦改定陸軍教育令，乃於⑧該令中增加拳術一門，並請設立武技術教練所，均蒙批准。於是，遂⑨招集各門拳術家，細心考察，加意選擇。研究多日，始得⑩形意拳術一門為最合軍用。

蓋⑪該拳為岳武穆所發明，用以教練軍隊，專能以少勝多。簡單精巧，最切實用。且無論老幼，皆可學習。雖千百人，亦能齊一操作。而於兵士之三年退伍期間，每日學習一次，即可應用。若他拳，雖各具巧妙之處，然非自童年學習，操練十數年不為功，用於軍隊則不相宜矣。

該拳不惟強健筋骨，並具有佛道家之禪理。上⑫則精神貫頂以養性⑬，下⑭則氣達丹田以固命⑮。大⑯則可以強國強種，小⑰則可以卻病延年，其利益誠非淺鮮⑱焉。

今有形意拳術大家劉殿琛先生，得家傳之精奧，不自秘密，著書行世，具有普及全國之願心⑲，形意拳之精華盡發洩⑳於是書㉑，誠為學者之終南捷徑㉒也！

劉君曾充㉓武技術教練所教員，學員畢業已有數班，成績極佳。予習斯拳數年，亦承劉君之指教，得以略窺門徑，頗有進益。劉君之熱心教授，殊堪令人佩服。書成，命予為序。予本軍人，粗鄙不文㉔，焉能為序？僅就予之所知者，略舉大概，以告國人，使國人知所注重可耳，尚乞閱者諒焉。

時在庚申㉕冬月　陸軍中將江壽祺㉖謹誌於都門㉗

【注釋】

①立國於大地之上……危亡者幾希：一個國家建立在大地之上，它的國民要是沒有尚武精神，（這樣的國家）不走向危亡的很少。苟，如果，假如。尚武，崇尚武功（力）。幾希，微少。

②觀夫：看那些。夫，代詞，那，那些。

③由來：原因。

④改建：創建。

⑤猶：還。

⑥徒：只；但。

⑦適：正；恰好。

⑧乃於：於是在；就在。

⑨遂：就。

⑩始得：才得出。

⑪蓋：蓋因為。蓋，推原之詞。

⑫上：往上。

⑬養性：即養神。

⑭下：往下。

⑮固命：即固氣。

⑯大：往大的方面說。

⑰小：往小的方面說。

⑱淺鮮：輕微；微薄。

⑲願心：猶「願望」。

⑳發洩：洩露。

㉑於是書：在這本書裡。

㉒終南捷徑：終南，終南山，在陝西省西安市西南。捷徑，近便的道路。《新唐書·盧藏用傳》裡說，盧藏用想做官，就假裝為隱士，住在京城附近的終南山裡，希望被皇帝徵召。後來果然被召去做了官。同時代的司馬承禎也曾用同樣的方法取得官位。一次，盧藏用指著終南山對司馬承禎說：「此中大有嘉（佳）處。」後來就用「終南捷徑」比喻謀取官職或求得名利的最方便的門徑。現在也比喻達到目的的便捷途徑。

㉓充：充任；充當。

㉔予本軍人，粗鄙不文：我本來只是一個軍人，粗俗鄙陋，沒有文采。

按：這是作序者謙虛的話。

㉕庚申：庚申年，即一九二〇年。

㉖江壽祺：安徽潛山人。民國時陸軍中將。保定軍校及陸軍大學第一期畢業生。陸軍大學一九一四年（第四期）設教育長後，為首任教育長。

㉗都門：京都城門，借指京都，這裡指北京。

【譯文】

唉，現今這個時代，眞是一個優勝劣敗、弱肉強食的世界！一個國家建立在大地之上，它的國民要是沒有尚武精神，（這樣的國家）不走向危亡的很少。看那些歐美國家對體育的重視，以及日本的以武士道為國魂，人家國家的強大是有原因的。我國武術的精微巧妙，早就在世界上很有名，只可惜受到專制政體的壓制，以至於沒能發達起來。

所幸民國創建以來，國人大多想要尚武圖強、提倡拳術。然而我國的拳術，門類繁雜，還有很多屬於江湖花拳一流，只注重美觀，不追求實際效果，這也是國人應該注意的。

民國四年，我擔任陸軍訓練總監處騎兵監長時，正好趕上國家改定陸軍教育令，於是在該教育令中增加拳術這一門，並請示設立武技教練所，均得到批准。於是，就召集各門各派的拳術家，細心地考察，加意地進行比較選擇。研究了很長時間，才得出形意拳術這一門最適合軍用。

因為這種拳術是岳武穆發明的，用來教練軍隊，專門能夠以少勝多。其簡單精巧，最切合實用，而且不論老幼，都可以學習；即使是上千百人，也能一齊操作；而在兵士的三年當兵期間，每天學習一次就可以應用。像別的拳術，雖然也都有巧妙的地方，然而要不是從童年開始學習，並且堅持練習十來年，就看不到效果，用於軍隊就不合適了。

這種拳術不但能夠強健筋骨，而且包含著佛家和道家的禪理。往上則透過精神貫頂來養性，往下則透過氣沉丹田來固命。往大的方面說，可以強國強種；往小的方面說，則可以祛病延年，它的好處眞是不小的。

現在有一位形意拳術大師劉殿琛先生，得到了家傳的精奧，不保密，寫成書流行於世，希望能夠普及於全國，形意拳的精華盡數洩露在這本書裡了，實在是求學者的終南捷徑！

劉先生曾經當過武術教練所的教員，學員畢業的已有好幾班，成績特別好。我學習這種拳術好幾年了，也是承蒙劉先生的指教，得以略微看到一點門徑，頗有進步和收穫。劉先生的熱心傳授，特別值得我們敬佩。現在書寫成了，命我寫序。我本來只是一個軍人，粗俗鄙陋，沒有什麼文采，哪能寫得了序呢？現僅就我所知道的，略微列舉一些大概，以告訴國人，使國人知道重視就可以了，還祈求讀者諒解。

《形意拳術抉微》序

《形意拳術抉微》凡①二卷，同邑②劉殿琛先生所著，用以教人練習技擊之書也。其技得自家傳，而參以近世體操法之方式，開來繼往，推陳出新，詢③近今技擊界之泰斗④也。

清宣統三年⑤，余⑥任北洋法政學校⑦教職時，法校注重體育，議⑧添技擊一門，以振作精神。余薦劉君擔任教授，全校生徒翕然⑨從之。課餘練習，未或稍懈⑩。吾國拳術之施於學校，殆⑪以此為嚆矢⑫焉。國體變更，民氣勃騰，尚武之風，應時而起。

余與劉君及二三同志，首創武士會⑬於津門⑭。同時，京師有尚武學社⑮之組織。京津各校，聞風興起。爭延⑯教師，相與練習。拳術之訂為體育專科

⑰，至是⑱為各校所共認⑲，近且⑳風行全國。而埋沒不彰之神技，始㉑得與日本之武士道、歐西諸國之新式體操爭相誇耀於宇內矣！

孔子云：雖小道，必有可觀者焉㉒。方今文明諸國，莫不注重體育。果人人習此，體健力強，國民之精神，即國家之精神之所寄。雖一技之微，未始非㉓強國之基也，豈可以小道輕視之哉？

劉君不欲自秘其術，今以所得於先人㉔者，著書以問世。書既成，囑余為之序，余述劉君十數年來之苦心經營者，以示國人。至其技術之神妙，教法之精詳，覽是書㉕者，自能領略，無待余之揄揚㉖也。

中華民國九年十月　深縣張恩綬㉗序於京師之二柳廬

【注釋】

①凡：總共。

②同邑：同縣。

按：序作者與本書作者都是河北深縣（今深州市）人。

③詢：應為「洵」。實在（是）；誠然（是）。

④泰斗：泰山北斗的簡稱，比喻在德行和事業上為衆人所敬仰的人。

⑤清宣統三年：一九一一年。

⑥余：我。

⑦北洋法政學校：即北洋法政專門學校。一九〇六年創辦，名為北洋法政學堂，位於天津。一九一二年更名為北洋法政專門學校，是中國最早的政法學校。

⑧議：議決；議定。

⑨翕然：一致貌。

⑩未或稍懈：從來沒有懈怠過一點。

⑪殆：大概；恐怕。

⑫嚆矢：帶響聲的箭，因發射時聲先於箭而到，故常用來比喻事物的開端，猶言先聲。嚆，音ㄏㄠ。

⑬武士會：即天津「中華武士會」，一九一二年成立。

⑭津門：天津。

⑮尚武學社：即北京「中華尚武學社」，一九一二年成立。

⑯爭延：爭相延聘；爭著聘請。

⑰專科：專門課程。

⑱至是：到這時。

⑲共認：共同認可；公認。

⑳且：將。

㉑始：才。

㉒雖小道，必有可觀者焉：即使是小的技藝，也一定有可取之處。

按：這話出自《論語·子張》：「子夏曰：『雖小道，必有可觀者焉。』」

㉓未始非：未必不是。

㉔先人：指作者的父親劉奇蘭先生。

㉕是書：這本書。

㉖揄揚：宣揚。

㉗張恩綬：一八八一—？字澤儒，河北深州西街關人，教育家，中華武士會的創立者之一，曾任北洋法政學堂監督。一九一二年，北洋法政學堂改名為北洋法政專門學校，改監督為校長，由第七任監督張恩綬擔任校長。

【譯文】

《形意拳術抉微》共兩卷，為同鄉劉殿琛先生所寫，是用來教人練習技擊的書。他的拳技得自家傳，又加進去近代體操法的方式，繼往開來，推陳出新，確實是近來技擊界的泰斗。

清宣統三年，我擔任北洋法政學校教職時，法校注重體育，議定添加技擊這一門課，用來振作學生的精神。我推薦劉先生擔任教授，全校學生一致跟上學習。每天課餘練習，從來沒有懈怠過一點。我國拳術在學校裡傳授，大概是以這次為起點。民國創立，國體變更，民氣勃騰，尚武的風尚，應時而起。

我與劉君及一些同志，在天津首創武士會。同一時期，北京有尚武學社這樣的武術組織。京津各校，聞風而起。爭著延聘教師，一起練習。把拳術確定為體育裡的專門科目，到這時已被各校所公認，近來將要風行全國了，從而使埋沒不彰的我國神妙拳技，才得以與日本的武士道、歐西各國的新式體操爭相誇耀於世界！

孔子說：即使是小的技藝，也一定有可取之處。正當現今各文明國無不注重體育，果能人人練習此種拳技，使得體健力強，則國民的精神，就是國家精神的依託。雖然不過是一種小小的技藝，未必不能成為強國的基礎，難道可以因為它是一種小技藝就輕視它嗎？

劉君不想保密他的技術，現在把他從他父親那裡得來的東西，著書問世。書寫成後，囑託我為它寫序，我敘述一下劉君十幾年來苦心經營的情況，展示給國人。至於他的技術的神妙、教法的精詳，閱覽這本書的人，自然能夠領略到，不需要我來宣揚。

《形意拳術抉微》序

宋岳武穆王精通槍法，及為帥時，乃脫槍為拳，用以教將士，遂自成一道，為後日形意拳術之始。厥後①，歷金、元、明三代，其技無名②。迨③明清之交，蒲東有姬公際可者，訪師終南山，得《武穆拳譜》，盡擅其技④。繼傳曹繼武先生。先生秋蒲人，修⑤其術十二年，仕⑥至陝西靖遠總鎮大都督，卒⑦成一世之業。李政繼之，傳戴龍邦，龍邦傳其子文英、文雄及郭維漢、李飛羽。飛羽字能然，皆為及門弟子⑧。飛羽復傳先父劉奇蘭公及郭雲深（深縣人）、白西園（饒陽人）、李太和（深縣人）、車永宏（太谷人）、賀運亨（太谷人）、李廣亨（榆次人）、宋世榮（北京人）、張樹德（祁州人）、劉曉蘭（高陽人）等，綿綿延延，形意迄今而大昌。

始先父寢饋斯道⑨垂⑩四十年，所授生徒甚夥⑪，燕趙好武之士多歸之⑫。余生不才，有忝家學，惟竊先人之餘緒，以自存活⑬。清之季年⑭，在津任法政學校武術教員。民國初，復任京師清華學校⑮教員。當時津門之武士會、京師之尚武學社，皆推余為總教習。即與同志磋商，欲以武術強中國，編纂教科書，呈部⑯立案，頒行全國。適值張堅白⑰先生巡按兩粵，余應其聘作嶺南之行，議遂中輟⑱。丙辰⑲返京，稍稍得暇，乃本聞於先子者，一一筆記之⑳。擬成數篇，並繪其圖，以貢於好武術者為之初步。他日進而上之，再舉其精深變化者，悉著於編，或足以發明先子之傳，以上報我國家。惟高明鑒其區區之愚，而不責其不文也則幸甚㉑。

民國九年十月　深縣劉文華自序

【注釋】

①厥後：其後，從那以後。

②無名：沒有影響。

③迨：至。

④盡擅其技：完全掌握了這種拳技。

⑤修：修習。

⑥仕：做官。

⑦卒：終。

⑧及門弟子：經過遞帖拜師的正式弟子。

⑨寢饋斯道：寢，睡覺；饋，吃飯。起居飲食都離不開，比喻全身心地投入這項技藝當中。

⑩垂：將近。

⑪夥：音ㄏㄨㄛˇ，多。

⑫多歸之：大多歸於他的門下。

⑬余生不才……以自存活：我生而不才，有辱家學，只不過竊得先人的餘

業，來謀取生計。忝，辱。惟，只是。

按：這是作者自謙的話。

⑭季年：末年。

⑮清華學校：清華大學的前身。

⑯呈部：呈送教育部。

⑰張堅白：即張鳴岐（一八七五—一九四五年），一作健伯，號韓齋，山東無棣人。一八九四年甲午科舉人。曾任兩廣總督。下文「兩粵」即指兩廣：廣東、廣西。

⑱議遂中輟：這個計畫於是中斷。

⑲丙辰：一九一六年。

⑳乃本聞於先子者，一一筆記之：於是根據從先父那裡聽來的，一一筆記下來。乃，於是，就。本，根據。先子，先父。

㉑惟高明鑒其區區之愚，而不責其不文也則幸甚：希望高明的讀者看在我

小小的願望上，而不責怪這本書沒有文采。惟，希望。

【譯文】

南宋的岳武穆王精通槍法，到他成為大師的時候，就將槍法脫變為拳法，用來教練將士，於是自成一體，這就是後來形意拳術的發端。從那以後，經歷金、元、明三代，都沒聽說過這種武技。

直到明清交替之際，蒲東有一位姬老先生叫作姬際可，到終南山訪師，得到《武穆拳譜》，並完全掌握了這種武技，繼而傳給了曹繼武先生。先生是秋蒲人，修習這種武技十二年，做官至陝西靖遠總鎮大都督，終於成就了一世之業。李政繼承了這門武技，傳給戴龍邦；龍邦傳給他的兒子文英、文雄以及郭維漢、李飛羽。飛羽字能然，都是經過遞帖拜師的及門弟子。飛羽又傳給先父劉奇蘭公及郭雲深（深縣人）、白西園（饒陽人）、李太和（深縣人）、車永宏（太谷人）、賀運亨（太谷人）、李廣亨（榆次人）、宋世榮（北京人）、張樹德（祁州人）、劉曉蘭（高陽人）等，綿綿延延，到今天大為昌盛。

那時先父全身心地投入這門技藝將近四十年，所傳授的學生、徒弟很多，燕趙的好武之士大多拜在他的門下。我生而不才，有辱家學，只不過竊得先人的餘業，來謀取生計。清朝末年，我在天津任法政學校的武術教員。民國初年，又擔任北京清華學校的教員。當時天津的武士會、北京的尚武學社，都推舉我為總教習，於是與同志磋商，想要以武術來使中國強盛，編纂教科書，呈送教育部立案，頒佈命令，發行全國。正好趕上張堅白先生擔任兩廣總督，我應他的聘請去嶺南，計畫就中斷了。直到丙辰年返回北京，才稍微得到點空閒，於是根據從先父那裡聽到的，一一用筆記下來，擬成若干篇，並加上插圖，提供給武術愛好者作為初步的學習參考資料。以後進一步，再把其中的精深之處和變化方法，全部寫成書，也許足以發揚光大先父的傳授，來向上報答我的國家。希望高明的讀者看重我小小的願望，而不責怪這本書沒有文采。

《形意拳術抉微》目錄

上卷　總論

總論者，形意各項技術之總根柢也。夫戰爭之道，往往以白刃相加、隻手①抗敵為最後之勝利，則武技一門實行軍之命脈②也。然武技種類甚多，門分派別，各是其是③。要言之，大概分內、外兩派。外派之長，不過練習腰腿靈活、捉拿鉤打、封閉閃展、騰挪跳躍諸法，以遇敵制勝。而其弊則在於虛招太多，徒④炫人耳目，不切於實用。惟內家拳法，純本於先天⑤，按陰陽、五行、六合、七疾、八要諸法，以成其技，此則⑥總根柢，不能不先為培植也。

夫人非氣血不生，氣血充足，則精神健旺。若先天氣虧，後天即須補救。補之之道，要在充其氣、養其血。但培養氣血，必先聚氣於丹田，使丹田氣足。然後內達於五臟，外發於四肢。再加以練習之功，血脈貫通，筋骨堅壯；

內外如一，手腳相合；動靜有常，進退有法⑦；手不虛發，發則必勝；心不妄動，動則必應。

正所謂「睟然見於面，盎於背，施於四肢」⑧。隨意所適⑨，得心應手⑩，以成百戰百勝之技者也。以下將各項總要之事分別言之。

【注釋】

①隻手：當指徒手。

②命脈：生命、血脈，比喻生死攸關的事物。

③各是其是：各家說自己的對。

④徒：只，僅僅。

⑤純本於先天：完全從人的先天之氣出發。

⑥此則：這是。

⑦動靜有常，進退有法：運動和靜止符合常規，前進和後退都有法度。

⑧睟然見於面……施於四肢：這話出自《孟子•盡心上》：「君子所性，仁義禮智根於心，其生色也睟然，見於面，盎於背，施於四體，四體不言而喻。」意思是說：君子的本性，是仁義禮智已植根於他的心中，而他的容色也很安和潤澤，表現在臉面，盈溢於肩背，延伸到手腳四肢，四肢一舉一動，不用言語，人們就都明白了。

⑨隨意所適：隨著意的指向。適，往，去到。

⑩得心應手：得之於心，應之於手。心裡摸索到規律，做起來自然順手，形容技藝純熟，心一想，手便做到。

【譯文】

總論，是形意各項技術的總根柢。戰爭的規律，往往是以白刃相加、徒手搏鬥決定最後的勝利，這樣說來武技這一門確實是軍事的命脈。然而武技種類很多，門分派別，各家都說自己的對。總而言之，大概分為內、外兩派。外派的長處，不過是練習腰腿靈活、捉拿鉤打、封閉閃展、騰挪跳躍各種方法，來遇敵制勝。而它的弊端則在於花招太多，只是炫人耳目，而不切合實用。只有內家拳法，純粹以人的先天之氣為基礎，按陰陽、五行、六合、七疾、八要等法則，來構成它的技術體系。這（按：指先天之氣）是武術的總根柢，不能不先為培植。

人沒有氣血的滋養則不能生長發育，氣血充足，則精神健旺。如果先天之氣虧損，後天就需要補救。補救的方法，主要在於補充他的氣、蓄養他的血。但培養氣血，必須先聚氣到丹田，使丹田氣足。然後往內達到五臟，往外到達四肢。再加上練習之功，使血脈貫通，筋骨堅壯；內外成為一個整體，手腳互相協調；動靜有規律，進退有方法；手不虛發，發則必定取勝；心不妄動，動則正好與對方應合。

這正是孟子所說的「容色安和潤澤，表現在臉面，盈溢於肩背，延伸到手腳四肢。四肢一舉一動，不用說明，人們就都看出來了」。隨著意的指向，得於心、應於手，而成為百戰百勝的技術。以下將各種最根本事項分別來講述。

第一章　丹田論

丹田者，陽元之本，氣力之府也①。欲精技藝，必健丹田；欲健丹田，尤②必先練技藝，二者固③互為因果者也。吾道④皆知丹田為要矣，顧⑤先師有口授而少書傳，後之學者究難⑥明其所以然。謹將受之吾師與廿年所體驗者略述之。

所謂欲精技藝必先健丹田者，蓋以⑦丹田虧則氣不充，氣不充則力不足，彼⑧五拳、十二形空有架勢。以之為顧法⑨，則如守者之城池空虛；以之為打法，則如戰者之兵馬羸弱。故必於臨敵挫陣之際，常若有一團氣力堅凝於腹臍之間，倏然⑩自腰、而背、而項直貫於頂⑪。當時⑫眼作先鋒以觀之，心作元帥以謀之，鑽翻橫豎起落隨時而應用，龍虎猴馬鷹熊變化而咸宜⑬，毫忽之間

⑭，勝負立判——此丹田充盈而技藝所以精也。

何謂欲健丹田必先練技藝？釋之如下：或曰丹田受之先天⑮，人所固有，自足於內，無待於外，但能⑯善自保養足矣，何待於練？

竊謂不然⑰。凡人不溺色慾，不喪腎精⑱，保養有方，則元氣自充，如是者亦可延年益壽，然究⑲不能將丹田之氣力發之為絕技也。欲發之為絕技，必自練始。

練之之法，一在於聚，一在於運。聚者，即八要中所謂舌頂、齒扣、穀道提、三心並諸法也。又必先去其隔膜。如心、肝、脾、肺、腎之五關，層層透過，一無阻攔，八要之中所謂「五行要順」也。行之既久，而後氣始可全會於丹田。

然聚之而不善運，亦未能發為絕技。必將會於丹田之氣力，由背骨往上回住於胸間，充於腹，盈於臟，凝於兩肋，沖於腦頂。更兼⑳素日所練之身體異常廉幹㉑，手足異常活動㉒，應敵之來而架勢即變，應架勢之變而氣力隨之即到。倏忽之間㉓，千變萬化，有非言語所能形容者——此所謂善運用也。

總其所以聚之、運之者，要在㉔平日之勤練技藝，非如求仙者之靜坐煉丹也。古之精於藝者，以一人而敵無數之人，其丹田之氣力不知如何充足！究其所以然之故，無一不自勤習技藝以練丹田始。後之學者即㉕「丹田說」而善領會之，則可與入武道矣。

【注釋】

①丹田者……氣力之府也：丹田，是元氣與元精的根本，氣與力的府庫。陽元，當即「元陽」，指元氣與元精。《形意拳譜》：「精養靈根氣養神，元陽不走得其真；丹田養就長命寶，萬兩黃金不與人。」

②尤：尤其。

③固：本來。

④吾道：我們這種拳道。

⑤顧：但。

⑥究難：終究難以。

⑦以：因為。

⑧彼：那。

⑨顧法：亦簡稱為「顧」，在形意拳中指防禦。

⑩倏然：形容極快地。

⑪頂：頭頂。

⑫當時：就在那時。

⑬咸宜：都合適。

⑭毫忽之間：指極短的時間內。毫、忽，都是小於分、厘的度量單位。

⑮受之先天：受之於先天，從先天而來。

⑯但能：只要能。

⑰竊謂不然：我私下認為不是這樣。竊，謙辭，私自，私下。

⑱凡人不溺色慾，不喪腎精：人只要不溺於色慾，不喪失腎精。凡，舉凡，但凡。

⑲然究：然而終究。

⑳兼：加。

㉑廉幹：幹練，精幹俐索。

㉒活動：活潑，靈活。

㉓倏忽之間：指極短的時間。

㉔要在：主要在於。

㉕即：就，對於。

【譯文】

丹田，是元氣和元精的根本，氣與力的府庫。要想精於技藝，必須先健丹田；要想健丹田，尤其必須先練技藝。二者本來就是互為因果的關係。我們武道中人都知道丹田的重要，但前輩師父們只有口授而缺少書傳，使得後來的學習者終究難以明白其中的所以然。現謹將從我師父那裡得到的傳授與自己二十年來的體驗簡略地講述一下。

所謂要想精於技藝，必須先健丹田，是因為丹田虧則氣不充，氣不充則力不足，那些五行拳、十二形拳就會空有架勢。用它來作為顧法，就如同防守的一方城池空虛；用它來作為打法，就如同進攻的一方兵馬羸弱。所以必須在臨敵挫陣之際，老像是有一團氣力牢牢地凝結在腹臍之間，能夠極快地從腰經過背、經過頸項直達於頭頂。同時眼當先鋒官來觀察對方，心當元帥來謀算對方，鑽、翻、橫、豎、起、落隨著時機來進行，龍、虎、猴、馬、鷹、熊各形變化運用恰到好處，在極短的時間內分出勝負——這是因為丹田充盈從而技藝精湛。

那麼，什麼是「要想健丹田，必須先練技藝」呢？解釋如下：有人說丹田是從先天而來的，是人本來就有的，本身內部就充足，不需要外部的補充，只要能善自保養就足夠了，何必要練？

竊以為不是這樣。但凡一個人不沉溺於色慾，不喪失腎精，保養有方，則元氣自然充足，像這樣也可以延年益壽，然而終究不能將丹田中的氣力表現為武術上的絕技。想要表現為武術上的絕技，必須從煉氣開始。

煉氣的方法，一種是聚，一種是運。聚，就是「八要」中所說的舌頂、齒叩、穀道提、三心並等法則。又必須先去掉隔膜。如心、肝、脾、肺、腎這五關，一層一層穿過，一點阻攔也沒有，這就是「八要」中所說的「五行要順」。練得久了，而後氣才可以全部彙聚到丹田。

然而能聚而不善於運，也不能表現為武術上的絕技。必須將彙聚在丹田的氣力，由背脊骨往上回住到胸間，充實到腹中，滿盈到五臟，凝結在兩肋，上沖到腦頂。再加上平日所練下的身體異常幹練，手足異常靈活，順應敵方的進攻而架勢就隨之變化，根據架勢的改變而氣力就隨之貫注。倏忽之間，拳勢千變萬化，有的不是言語所能形容的——這就是所說的善於運用氣力。

總括氣力的聚和運的方法，主要在於平日的勤練技藝，而不是像求仙者的靜坐煉丹。古時精於武藝的人，能夠以一個人對付無數的人，他丹田的氣力不知有多麼的充足！探究他所以然的緣故，無一不是從勤習技藝來練丹田開始。後來的學習者對於「丹田說」要能善於領會的話，就可以一起進入武道的境界了。

第二章　煉氣說

武技一道，有形者為架勢，無形者為氣力。架勢者，所以運用氣力也。無氣力，則架勢為無用。故氣力為架勢之本。然欲力之足，必先求氣之充，故氣又為力之本。予論丹田，曰聚、曰運，前已言及。但煉氣為吾道之要訣，非前說所能盡，用①再詳細言之。

夫演藝②者，以八要為先③。八要者，形意拳術之母④也。內以之煉氣，外以之演勢。無論五拳、十二形，虛實變化、起落鑽翻，皆不可須臾⑤離之。八要者何？一、內要提，二、三心要並，三、三意要連，四、五行要順，五、四梢要齊，六、心要暇，七、三尖要對，八、眼要毒也。茲分論之如下：

內要提者，緊撮穀道⑥，提其氣使上聚於丹田。復使聚於丹田之氣由背骨而直達於腦頂，周流往返，循環無端。即譜所謂「緊撮穀道內中提」也。

三心要並者，頂心往下、腳心往上、手心往回也。三者所以使氣會於一處。蓋頂心不往下，則上之氣不能入於丹田；腳心不往上，則下之氣不能收於丹田；手心不往回，則外之氣不能縮於丹田。故必三心一並，而氣始⑦可歸於一也。

三意要連者，心意、氣意、力意三者連而為一，即所謂「內三合」也。此三者，以心為謀主，氣為元帥，力為將士。蓋氣不充則力不足，心雖有謀，亦無所用，故氣意練好，而後可以外帥力意，內應心意。竊謂⑧三意之連，亦以氣為先也。

五行要順者，外五行為五拳，即劈、崩、炮、鑽、橫是也；內五行為五臟，即心、肝、脾、肺、腎是也。外五行之五拳，變化應用各順其序，則周中規、折中矩⑨，氣力之所到而架勢即隨之，架勢之所至而氣力即注之⑩。故氣力充⑪，則架勢為有用；架勢練⑫，而氣力乃⑬愈增。至內五行之五臟，即譜所云⑭「五行本是五道關，無人把守自遮攔」。

余初學技藝時，頗學運氣。如肩垂、項豎、齒扣、舌頂、內提等，如法⑮習之數日，一作勢，漸覺氣可至於心間，然即周身倦怠，四肢無力；強習⑯數日，則氣漸覺稍往下行，而又有周身倦怠之弊。如是者數次，而後始能一經作勢，氣即直達丹田，此即五行為五關之說。非精習前進，打破遮攔，不能聚氣於丹田，運氣於四肢，為一氣充力足之武術家。是「五行要順」者，即所以順氣也⑰。

【注釋】

①用：因此。

②演藝：演習武藝。

③先：先務，先要注意的事。

④母：猶言根本。

⑤須臾：片刻；一會兒。

⑥緊撮穀道：即提肛，肛門括約肌收縮。

⑦始：才。

⑧竊謂：（我）私下認為。竊，謙辭，私下，私自。

⑨周中規、折中矩：圓形符合圓規，方形符合矩尺。

按：此話出自《禮記・玉藻》：「周還中規，折還中矩。」即中規中矩。

⑩注之：灌注它。

⑪充：充盈，充足。

⑫練：熟練，老練。

⑬乃：就。

⑭即譜所云：就是拳譜所講的。

⑮如法：按照方法。

⑯強習：勉強練習。

⑰是「五行要順」者，即所以順氣也：這樣的話，所謂「五行要順」，就

是要通過它來順氣的。

四梢要齊者，舌要頂、齒要扣、手指腳趾要扣、毛孔要緊也。夫舌頂上嗓，則津液上注①，氣血流通；兩齒緊扣，則氣貫於骨髓；手指腳趾內扣，則氣注於筋；毛孔緊，則周身之氣聚而堅。「齊」之云者，即每一作勢時，舌之頂、齒之扣、手腳趾之扣、毛孔之緊一齊如法為之，無先後、遲速之分。蓋以四者有一缺點②，則氣散而力怠，便不足以言技也。

心要暇者，練時心中不惶不忙之謂也。夫惶有恐懼之意，忙有急遽之意。一恐懼則氣必餒③，一急遽則氣必亂。餒亂之時，則手足無所措矣！若素日無練習之功，則內中虧虛，遇事怯縮，臨敵未有不恐懼、不急遽而心暇逸者。故心要暇，實與煉氣相表裏也。

三尖要對者，鼻尖、手尖、腳尖相對也。夫手尖不對鼻尖，偏於左，則右邊顧法空虛；偏於右，則左邊顧法空虛。手與腳、腳與鼻不對，其弊亦同。且三者如甚相偏斜，則周身用力不均，必不能團結如一，而氣因之散慢。頂心雖往下，而氣不易下行；腳心雖往上，而氣不易上收；手心雖往回，而氣不易內縮。此自然之理也。故三尖不對，實與煉氣有大妨礙也。

眼要毒。夫眼似與煉氣無甚關合，不知毒有疾敏之意，非元氣充盈者不能有此。嘗謂吾輩技藝不獨武人宜習，即文人亦宜習之④。蓋每日練力，則可以健身體；煉氣，則可以長精神。丹田凝聚，五臟舒展，此人之精神必靈活，腦力必充足，耳口鼻等官⑤必能各盡其妙，而目尤必神光炯然，有芒射人。誰謂眼之毒非氣為之哉？

際此⑥弱肉強食之時，東西各國皆注重技藝⑦。良以⑧射擊之遠近全在器械之良否，而擊之中否，則在持械者之心力、手力與眼力。故氣力餒者，觀測雖準，而射擊之時心戰手搖⑨，即不能中的⑩。是⑪則必賴平日練習之殷勤，筋骨強健，氣血充足，內外如一，方可以匡⑫其弊也。

或曰：氣行於內，力現於外，子⑬言氣，何如言力？曰：從外人觀之則力易見，自我練之則氣易領會。且氣力本為一體，氣足則力可知矣。或又曰：子純言氣力，不幾略⑭架勢乎？曰：練勢必求氣充，而煉氣尤必先講架勢，是氣勢二者互相為用者也。然勢形⑮於外，有跡可尋；氣運於內，深微莫測。故學者恒⑯注意架勢，而於氣之運行，每多忽略。吾於架勢之外，獨於氣力再三致意⑰者，職是故耳⑱。

【注釋】

①上注：灌注到上部。

②蓋以四者有一缺點：蓋因為四項之中如果缺少一項。以，因為。

③餒：餒弱。

④即文人亦宜習之：即使是文人也應該練習它。

⑤官：器官。

⑥際此：值此。

⑦技藝：這裡指武技、武藝。
⑧良以：的確是因為。良，的確。
⑨心戰手搖：心恐懼，手顫抖。
⑩中的：擊中目標。
⑪是：如此。
⑫匡：匡救。
⑬子：對男性的敬稱，猶言「先生」。
⑭幾略：幾乎忽略。
⑮形：表現。
⑯恒：常。
⑰再三致意：猶言「再三強調」。
⑱職是故耳：就是由於這個緣故。職，由於。是，這個。

【譯文】

武技這一行，有形的是架勢，無形的是氣力。架勢是要運用氣力的。沒有氣力，則架勢就沒有用。所以氣力為架勢的根本。然而要想力量足，必須先求氣量充，所以氣又為力的根本。我論述丹田，講聚、講運，前面已經提到。但煉氣是我們這一行的要訣，不是前面的論述所能窮盡的，因此再詳細講一講。演習武藝，以八要為先務。八要，是形意拳術的根本。內部用它來煉氣，外部用它來演習架勢。無論五行拳、十二形拳，虛實變化、起落鑽翻，都不能片刻離開它。八要是什麼？一是內要提，二是三心要並，三是三意要連，四是五行要順，五是四梢要齊，六是心要暇，七是三尖要對，八是眼要毒。現分別論述如下：

內要提，就是緊撮穀道，將氣提起來使它往上聚到丹田。再讓聚在丹田的氣經過背脊骨而直達腦頂，周流往返，循環無端。就是拳譜所說的「緊撮穀道內中提」。

三心要並，就是頂心往下、腳心往上、手心往回。這三條是要使氣彙聚在一處。因為頂心不往下，則上面的氣不能進入丹田；腳心不往上，則下面的氣不能收回丹田；手心不往回，則外面的氣不能縮到丹田。所以必須得三心一並，氣才能歸於一處。

三意要連，就是心意、氣意、力意這三種意連成一個整體，也就是所謂的「內三合」。這三點，以心為謀主，氣為元帥，力為將士。因為氣不充則力不足，心雖有謀算，也沒有用，所以氣意練好，然後才可以外帥力意，內應心意。竊以為三意相連，也應該以氣意為第一。

五行要順。外五行為五拳，即劈、崩、炮、鑽、橫；內五行為五臟，即心、肝、脾、肺、腎。外五行的五拳，變化應用各順其序，則能中規中矩，氣力所到之處架勢就跟上，架勢所到之處氣力就貫注過去。因此氣力充足，則架勢為有用的架勢；架勢熟練，則氣力才能越發增加。至於內五行的五臟，即拳譜所說的「五行本是五道關，無人把守自遮攔」。

我初學技藝的時候，頗學過運氣的方法。如肩垂、項豎、齒叩、舌頂、內提等等，按照方法練習幾天後，一作勢，漸漸覺得氣可以到達心口處，但是隨即渾身倦怠，四肢無力；再勉強練習幾天，則氣漸漸覺得稍往下走，而隨即又有渾身倦怠的感覺。像這樣多次，而後才能一經作勢，氣就直達丹田，這就是五行為五關的說法的意思。非得精習前進，打破遮攔，才能將氣聚到丹田，運到四肢，成為一個氣充力足的武術家。這樣說來，「五行要順」，就是要透過它來順氣的。

四梢要齊，就是舌要頂，齒要叩，手指腳趾要扣，毛孔要緊。舌頂上嗓，則津液往上注，氣血流通；兩齒緊叩，則氣貫注到骨髓；手指腳趾內扣，則氣貫注到筋；毛孔緊，則全身的氣聚集而且牢固。說「齊」，即是每一做勢時，舌的頂、齒的叩、手指腳趾的扣、毛孔的緊一齊按要求做到，沒有先後、快慢之分。因為這四點只要有一點做不到，就會氣散而力怠，就談不上絕技了。

心要暇，就是練習時心中不惶不忙。惶有恐懼的意思，忙有急遽的意思。一恐懼則氣必然餒弱，一急遽則氣必然散亂。餒弱散亂之時，就會手足無措！如果平時沒有練習之功，就會內中虧虛，遇事膽怯退縮，這樣臨敵沒有不恐懼、不急遽而心能遐逸的。故而心要暇，實際上與煉氣是表裏關係。

三尖要對，是指鼻尖、手尖、腳尖互相對正。手尖不對鼻尖的話，偏於左，則右邊的顧法空虛；偏於右，則左邊的顧法空虛。手尖與腳尖、腳尖與鼻尖不對正，它的弊病也是同樣的。而且這三尖如果互相偏斜過多，則全身用力不均，必然不能團結如一，氣也因而散漫。頂心雖往下，而氣也不易往下行；腳心雖往上，而氣也不易往上收；手心雖往回，而氣也不易往內縮。這是很自然的道理。故而三尖不對，實在是於煉氣有很大妨礙的。

眼要毒。眼好像與煉氣沒有什麼關係，殊不知「毒」有疾敏的意思，不是元氣充盈的人做不到。我曾經說過我們的技藝不僅武人應該練習，即使文人也應該練習它。因為每天練力，就可以健身體；煉氣，就可以長精神。丹田凝聚，五臟舒展，這人的精神必定靈活，腦力必定充足，耳、口、鼻等器官必定能各自發揮它的妙用，而眼尤其必定會神光炯炯，有一種光芒射向對方。誰說眼的毒不是氣造成的呢？

值此弱肉強食的時代，東西方各國都注重武技，的確是因為射擊的遠近全在於武器的精良與否，而射擊的中與不中，則在於持槍人的心力、手力與眼力。所以氣力餒弱的人，觀測雖然準確，但是射擊的時候心裡恐懼，手裡顫抖，就不能擊中目標。因此，就必須依賴平日的勤奮練習，筋骨強健，氣血充足，內外如一，才可以匡救氣力餒弱的弊病。

有人也許會說：氣運行於體內，力表現於體外，先生講氣，哪裡比得上講力呢？我說：從外人的角度觀察，則力容易見到，從我自身練來則氣容易領會。而且氣與力本為一個整體，氣量充足則力量的充足可以想見。也許又有人說：先生純粹講氣力，不是幾乎要忽略掉架勢嗎？我的回答是：練架勢必然要求氣充足，而要將氣煉得充足，尤其必須先講究架勢，這樣的話，氣與勢二者是互相為用的關係。然而架勢表現在外面，有跡可循；氣運行在體內，深微莫測。因此學習者常常只注意架勢，而對於氣的運行，每每多有忽略。我之所以在講解架勢之外特別對氣力再三強調，就是由於這個緣故。

第三章　運動筋肉①說

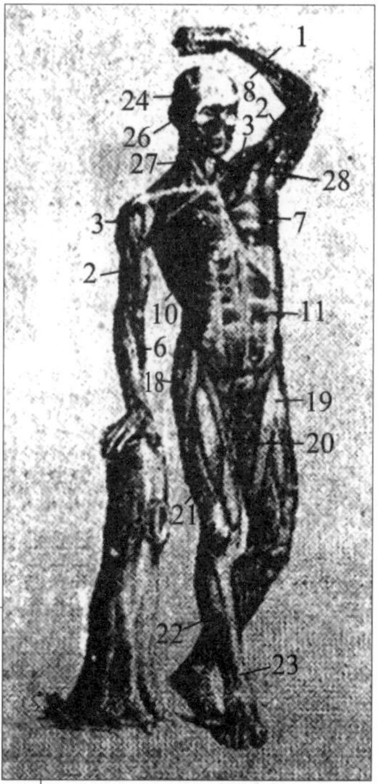
1
24
8
2
26
3
27
28
3
7
2
10
11
6
18
19
20
21
22
23

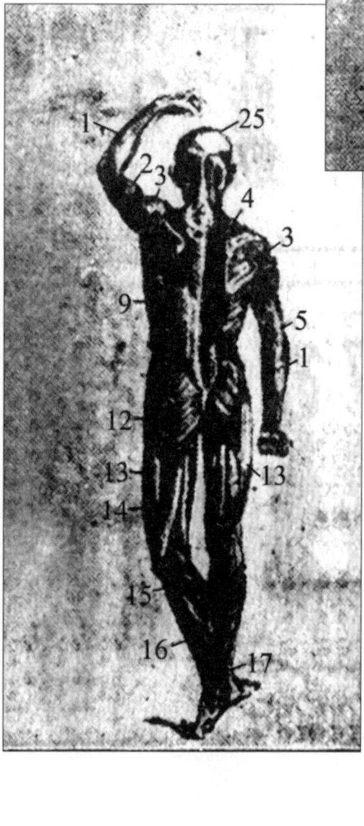
1
25
2
3
4
3
9
5
1
12
13
13
14
15
16
17

一　上肢筋

(1)伸手筋（伸指肌群）
(2)二頭膊筋（肱二頭肌）
(3)三棱筋（三角肌）
(4)僧帽筋（斜方肌）
(5)三頭膊筋（肱三頭肌）
(6)屈手筋（屈指肌群）
(7)大胸筋（胸大肌）
(8)迴前圓筋（旋前圓肌）

二　軀幹筋

(9)闊背筋（背闊肌）
(10)大鋸筋（前鋸肌）
(11)直腹筋（腹直肌）

三　下肢筋

(12)大臀筋（臀大肌）
(13)四大頭股肌（股四頭肌）
(14)二頭股筋（股二頭肌）
(15)二頭腓腸筋（二頭腓腸肌）
(16)屈趾筋（屈趾肌群）
(17)亞基里斯氏腱筋（阿基里斯腱）

三　下肢筋

(18)張股鞘筋（闊筋膜張肌）
(19)縫匠筋（縫匠肌）
(20)內轉股筋（大腿內收肌群）
(21)直股筋（股直肌）
(22)前脛骨筋（脛骨前肌）
(23)伸趾筋（伸趾肌群）

四　頭　筋

(24)前頭筋（額肌）
(25)帽狀腱膜筋（帽狀腱膜）
(26)眼輪匝筋（眼輪匝肌）
(27)口輪匝筋（口輪匝肌）
(28)闊頸筋（頸闊肌）

形意武術之運動與普通運動不同。普通運動之用力，只於一平面活動，或只運動筋肉之一部，故簡單明瞭，易於領悟。

形意武術則不然，全身之關節，皆沿數運動軸以迴轉，而其筋肉之收縮程度不張不弛，務使各方面筋肉同時收縮，無鬆緩者，方為圓滿作到②。故進可以攻，退可以守，無隙可乘，無瑕可摘③也。然全身筋肉甚多，非分部言之，難期④詳盡，故逐次分述如左。

甲、頭 部

眼宜由前頭筋⑤之收縮，而擴張眼孔，然後由眼輪匝筋⑥收縮緊張眼瞼，凝眸諦視⑦，絕無顫動之處。口宜由口輪匝筋⑧收縮，向內閉鎖口吻，牙則緊叩。舌用力貼著口蓋⑨，微捲向後。若此則頰部、顏面、下腭諸部之皮膚皆緊張矣。

頸則由闊頸筋⑩之收縮，擴張頸部皮面；更依⑪項部⑫深處後大、小直頭筋⑬之作用，及前述口部之協力，使頭部挺直、帽狀腱膜⑭前後緊張；更因兩肩下垂之力，延展頸部面積。

乙、胴　部⑮

肩胛⑯宜極力下垂，更因前大鋸筋⑰之收縮上掣肋骨，以拓張胸廓。同時，大胸筋⑱、僧帽筋⑲前後牽引肩部，使固定不移。

臀部用力下垂，下腹筋肉掣⑳骨盤㉑於前下方，大臀筋㉒亦用力收縮，成外轉大腿㉓之勢。

肛門括約筋㉔亦縮小肛門，使向內上方㉕。

腰部宜用方形腰筋㉖及橫隔膜收縮㉗之力，反張脊柱下部㉘，使上身重點落於骨盤正中線上㉙。

按：為方便理解，在原筋肉名稱下補充相對應的現用名，以括弧標出。

【注釋】

①筋肉：肌肉。

②全身之關節……方為圓滿作到：全身的關節，都（同時）沿著數個運動軸旋轉，而他的各部肌肉的收縮程度都保持不張不馳，務必使各個方面的肌肉同時收縮，沒有過於鬆緩的部分，才算圓滿做到。

③無瑕可摘：沒有瑕疵可以指摘。

④難期：難以期望。

⑤前頭筋：當指額肌。

⑥眼輪匝筋：眼輪匝肌。

⑦凝眸諦視：定睛注視。眸，眸子，眼中瞳仁。諦，仔細。

⑧口輪匝筋：口輪匝肌。

⑨口蓋：上齶。

⑩闊頸筋：當指頸闊肌。

⑪依：依靠；依賴。

⑫項部：後頸部。

⑬後大、小直頭筋：當指頭後大、小直肌。

⑭帽狀腱膜：為堅韌的緻密腱膜，前連額肌，後連枕肌。

⑮胴部：軀幹部。

⑯肩胛：肩胛骨。

⑰前大鋸筋：即前鋸肌。位於胸廓的外側皮下，上部被胸大肌和胸小肌所遮蓋，將肩胛骨內側向前拉的胸部肌肉。

⑱大胸筋：當指胸大肌。

⑲僧帽筋：這裡指斜方肌。

⑳掣：牽掣。

㉑骨盤：即骨盆。

㉒大臀筋：即臀大肌。

㉓外轉大腿：臀大肌收縮，大腿朝外轉。

㉔肛門括約筋：肛門括約肌。

㉕使向內上方：使肛門向內上方收回。

㉖方形腰筋：腰方肌。

㉗橫隔膜收縮：即虛胸實腹，氣沉丹田。

㉘反張脊柱下部：即塌腰包臀。

㉙使上身重點落於骨盤正中線上：即使上身的重心位於骨盆正中的正上方。

丙、四肢部

㈠上　肢

基部，宜用力內轉二頭膊筋①，與三頭膊筋②平均收縮，俾前後相抵抗③，肘向體中線扭轉④，前膊與上膊⑤常成九十至一百七十度之角。並因迴前圓筋⑥之收縮，使腕部側立⑦。手則由深、淺屈指筋⑧之收縮，依次屈各指，俾拇指與食指成半圓形⑨，並使拇指基部與小指基部極相接近⑩，俾小指亦與他指平均用力⑪。

㈡下　肢

大腿內面之內轉股筋⑫、縫匠筋⑬向內牽掣膝關節。大、中、小諸臀筋⑭亦收縮，俾大腿有外轉之勢。四頭、二頭股筋⑮亦同時收縮，俾下腿與大腿成百五十度之角，前後保持平均態度。下腿在前者，後面之二頭腓腸筋與深層之比目魚筋⑯相伴收縮，使腳跟與下腿後面有相接近之勢。在後之腿，更因二頭股筋用力收縮，及屈趾筋⑰之作用，使膝關節屈向前內方⑱，而兩腳皆宜四面向下用力，使體重平均集於兩腳之中心⑲。

兩腳之方向，常成四十五度⑳，惟龍形九十度之角㉑。後足之內踝與前足之後跟，須在一直線內㉒。

運動氣血通貫全身
使筋肉漲露之圖

此全身用力之大概情形也，然各部筋肉縱橫交互，關係複雜，紛紜委曲，殆㉓有不可以言喻者。心悟神會，以盡精微，則存諸其人㉔矣。

【注釋】

①二頭膊筋：肱二頭肌。

②三頭膊筋：肱三頭肌。

③俾前後相抵抗：使前面的肱二頭肌與後面的肱三頭肌相拮抗。俾，使。

④肘向體中線扭轉：即肘移向體中線，垂肘，肘窩朝上。

⑤前膊與上膊：即大小臂。

⑥迴前圓筋：即旋前圓肌。

⑦腕部側立：即手腕斜對著裡側立起來。

⑧深、淺屈指筋：即深、淺屈指肌。

⑨俾拇指與食指成半圓形：即虎口要圓。

⑩使拇指基部與小指基部極相接近：即要使手掌橫向扣合。

⑪俾小指亦與他指平均用力：（從而）使小指也和其他四指一樣用上力。

⑫內轉股筋：當指大腿內收肌群，包括恥骨肌、內收長肌、內收短肌和內收大肌。

⑬縫匠筋：縫匠肌。

⑭大、中、小諸臀筋：即臀大肌、臀中肌、臀小肌。

⑮四頭、二頭股筋：即股四頭肌、股二頭肌。

按：股四頭肌在大腿前面，股二頭肌在大腿後面，它們同時收縮，可形成和維持下文所說的「下腿與大腿成百五十度之角」。

⑯二頭腓腸筋與深層之比目魚筋：即淺層的腓腸肌與深層的比目魚肌。腓腸肌是小腿二頭肌，與比目魚肌合稱為小腿三頭肌。

⑰屈趾筋：屈趾肌。

⑱使膝關節屈向前內方：即扣膝。

⑲而兩腳皆宜……兩腳之中心：即腳趾抓地，腳心要空。

⑳兩腳之方向，常成四十五度：即前腳向正前，後腳向側前四十五度。

㉑惟龍形九十度之角：只有龍形的龍盤式，兩腳成九十度的夾角。

㉒一直線內：前後一條直線內。

㉓殆：幾乎。

㉔存諸其人：在於練習者自己。

【譯文】

形意武術的運動與普通運動不同。普通運動的用力，只在某一個平面上活動，或者只是運動肌肉的一部分，故而簡單明瞭，容易理解。

形意武術就不是這樣的，全身的關節，都（同時）沿著數個運動軸轉動，而他的各部肌肉的收縮程度都保持不張不弛，務必使各個方面的肌肉同時收縮，沒有過於鬆緩的部分，這才算圓滿做到。因此，進可以攻，退可以守，沒有空隙可以利用，沒有瑕疵可以指摘。然而全身的肌肉很多，非得分部論述，難以詳盡地瞭解，因此按順序分述如下。

甲、頭　部

眼部應該由額肌的收縮，來擴張眼孔；然後再由眼輪匝肌的收縮，使眼瞼緊張，定睛注視，而不要有一點顫動。口部應該由口輪匝肌的收縮，向內閉住口唇，牙齒要緊緊叩合。舌要用力貼住上齶，微向後捲。這樣就使得頰部、顏面、下腭各部的皮膚都繃緊了。

頸部則由頸闊肌的收縮，來擴張頸部皮膚的面積；再依賴後頸部深處的頭後大、小直肌的作用，以及上述口部的協同力量，使頭部挺直、帽狀腱膜前後繃緊；再利用兩肩下垂的力量，延展頸部的面積。

乙、軀幹部

肩胛骨應該極力向下垂，再利用前鋸肌的收縮向上提拉肋骨，來擴張胸廓。同時，胸大肌、斜方肌一前一後牽引肩部，使它固定不動。

臀部用力下垂，下腹部肌肉將骨盆牽拉向前下方，臀大肌也用力收縮，形成大腿朝外轉的形勢。

肛門括約肌也要收縮來縮小肛門，使肛門向內上方收回。

腰部應該用腰方肌及橫膈膜的收縮之力，使脊柱下部反向彎曲，使上身的重心落在骨盆的正中線上。

丙、四肢部

㈠上　肢

根部（按：指肩部），應該用力向內扭轉肱二頭肌，使它與肱三頭肌平均收縮，讓前面的肱二頭肌與後面的肱三頭肌相拮抗，肘移向體中線並扭轉至肘窩朝上，大小臂之間經常保持九〇度至一七〇度的夾角。並利用旋前圓肌的收縮，使手腕斜對著裡側立起來。手部則利用深、淺屈指肌的收縮，依次彎曲各指，使拇指與食指構成半圓形，並使拇指根部與小指根部儘量靠近，（從而）使小指也和其他四指一樣用上力。

㈡下　肢

大腿內側的內收肌群、縫匠肌向內牽拉膝關節。臀大肌、臀中肌、臀小肌也收縮，使大腿有外轉之勢。股四頭肌、股二頭肌也同時收縮，使小腿與大腿形成一五〇度的夾角，前後肌肉保持平均用力的態勢。前腿的小腿，它後面的淺層的腓腸肌與深層的比目魚肌協同收縮，使腳後跟與小腿的後面有互相接近的趨勢。後面的腿，再利用股二頭肌的用力收縮以及屈趾肌的作用，使膝關節向前向內扣合，而兩腳都應該四周圍向下用力，使體重平均地集中在兩腳的中心。

兩腳的方向，要經常保持在四十五度的夾角，只有龍形的龍盤式，兩腳成九〇度的夾角。後腳的內踝骨與前腳的腳後跟，必須在前後一直線內。

以上是全身肌肉用力的大概情形，然而各個部位的肌肉縱橫交錯，關係複雜，紛亂曲折，幾乎要不能用語言講明白了。心領神會，來窮盡其中的細微之處，就在於練習者自己了。

第四章　六合論

吾嘗①言夫②丹田矣，丹田盈而後藝精；更詳夫煉氣矣，煉氣足而丹田益③充。此皆得之於內而應之於外者。「六合」與「七疾」必不可不講矣，「七疾」姑④於下⑤論之。

所謂「六合」者，手與足合，肘與膝合，肩與胯合，是⑥為外三合；心與意合，意與氣合，氣與力合，是為內三合。內外相關⑦，統之曰六合。

譜云：「手去腳不去則罔然，腳去手不去亦罔然。」又曰：「上法須要先上身，手腳齊到才為真。」又曰：「手與腳合多一力。」又曰：「腳打踩意莫留情，消息全憑後足蹬。」讀此，可見手足相關之意。

蓋⑧演藝⑨時，手一伸，肩摧肘、肘摧手；足一進，胯摧膝，膝摧足。手足也，肘膝也，肩胯也，其各點皆遙遙相對。肩、肘、手在於上，胯、膝、足在於下。而人之一身，下尤為上之本。譬諸大樹，腿其根也。故胯一動而肩隨之，膝一進而肘隨之，足一趨而手隨之，於是乎「合」。演藝時，身法最貴乎整。上下連而為一，無前仰後合、先後錯亂之病，是為「整」。苟⑩將「整」字作到，真有「撼山易，撼岳家軍難」⑪之勢。

然⑫四肢之動，果⑬何所主使乎？人莫不知其為心。心之動是為意。意有去意、來意、攻意、守意之別。源之於心，動之於意，故曰心、意須相合。否則，主宰者不力，手足即⑭不聽指揮，而耳目無所施其聰明矣。意之所發謂之氣，氣之所使任乎意，相關相生，故須曰合⑮。然當進退騰挪之時，固曰⑯以心意主宰之，以氣行使之，然氣之表現者力也⑰，力借以表現者，四肢也。吾人忌任氣⑱，特就行事而言。即⑲吾輩武人，猝遇事變，亦不可胡亂使氣，若如去頭蒼蠅，瞎懵瞎衝；行⑳見其心惶意亂，而力無所用，手足失其所措，敵人乃可乘隙而入，必敗無疑也。故心與意合，意與氣合，而氣與力猶㉑須相合。蓋合不合，全視氣如何也。按㉒氣有督摧之功，力有取捨之能，故有氣方能有力。練武者苟捨其氣，則無須其力矣。

吾輩武人培養丹田，積精蓄銳。一旦有事，應敵之來，心意一動，手足相應，肩胯相合，肘膝隨之而到；而周身之氣不運自運，不聚自聚。內外如一，成其六合。一團凝氣，精神飽滿。聳然巍然，如泰山之不可推移。而身法既整而活，是則全恃平日練習有素，非只就交手而言也。

【注釋】

①嘗：曾經。

②言夫：講；說。夫，語氣助詞，用於句中，舒緩語氣，無義。

③益：更加。

④姑：姑且；暫且。

⑤於下：在下一節。

⑥是：這。

⑦相關：相互關聯。

⑧蓋：發語詞。

⑨演藝：演習武藝。

⑩苟：連詞。如果，假設。

⑪撼山易，撼岳家軍難：這是南宋時，金兵中流傳的一句嘆服岳家軍的話，見《宋史·岳飛傳》。撼，搖動。

⑫然：然而。

⑬果：副詞。究竟。

⑭即：就。

⑮曰合：講究合。

⑯固曰：固然說。

⑰然氣之表現者力也：然而氣的表現者是力。

⑱任氣：意氣用事。
⑲即：即使；就算。
⑳行：副詞。正。
㉑猶：當為「尤」，尤其。
㉒按：按語。

【譯文】

我前面講解了丹田，丹田充盈而後武藝精湛；又詳細論述了煉氣，將氣練足而後丹田更加充盈。這都是體內得到而反應在體外的東西。（除了這兩點以外）「六合」與「七疾」一定不可以不講，「七疾」姑且放在下一節論述。

所謂「六合」，就是手與足合，肘與膝合，肩與胯合，這是外三合；心與意合，意與氣合，氣與力合，這是內三合。內外相互關聯，統稱為「六合」。

拳譜上說：「手去腳不去則罔然，腳去手不去亦罔然。」又說：「上法須要先上身，手腳齊到才為眞。」又說：「手與腳合多一力。」又說：「腳打踩意莫留情，消息全憑後足蹬。」讀到這些，足可看出手足相關的意思。

演習武藝時，手一伸，則肩摧肘、肘摧手；足一進，則胯摧膝，膝摧足。手與足，肘與膝，肩與胯，它們各點之間都是遙遙相對。肩、肘、手在上面，胯、膝、足在下面。而人的一身，下部尤其是上部的根本。人身就像一棵大樹，腿就是樹的根。所以胯一動而肩隨之而動，膝一進而肘隨之而進，足一趨而手隨之而趨，於是就「合」了。演習武藝時，身法最貴「整」。上、中、下連成一個整體，沒有前仰後合、先後錯亂的毛病，這就是「整」。假如將「整」字做到了，眞有「撼山易，撼岳家軍難」的勢頭。

然而四肢的運動，究竟是由誰主使的？凡人無不知道它就是心。心念一動就是意。意有去意、來意、攻意、守意的分別。（四肢的運動）根源於心，發動於意，所以說心、意要相合。否則，作為主宰者的心、意發揮不好作用，手足就不聽指揮，而耳目也就沒辦法發揮它們的聽與明的功能了。由意發出來的叫作氣，氣由意來指揮，意與氣相關相生，所以要講究合。然而當進退騰挪之時，固然要以心意來主宰它，以氣來督促它，但是氣的表現者是力，力藉以表現的，是四肢。我們忌意氣用事，只是就做事來說的。就算我們習武之人，突然遇到緊急情況，也不可以胡亂使氣，就像去頭蒼蠅，瞎懵瞎衝；正表現出他的心惶意亂，而不能正確地用力，手足失措，敵人卻可以乘隙而入，這是必敗無疑的。所以心與意合，意與氣合，而氣與力尤其要相合。蓋因為六合能不能做到，全看氣的作用發揮得如何。按氣有督摧的功能，力有取捨的功能，故有氣才能有力。練武者要是丟棄了氣，那就沒必要講力了。

我們武人培養丹田，積精蓄銳。一旦有事，敵人一打來，我的心意一動，則手足相應，肩胯相合，肘膝隨之而到；而且周身的氣不運自運，不聚自聚。內外如一，成為六合。周身的氣凝聚一團，精神飽滿。巍然聳立，就像泰山推不動、搬不動。而身法的既整又靈活，這則是全憑平時練習有素，不僅僅是就交手來說的。

第五章　七疾①論

七疾者，眼要疾、手要疾、腳要疾、意要疾、出勢要疾、進退要疾、身法要疾也。習拳者具②此七疾，方能③完全制勝。所謂縱橫往來，目不及瞬④，有如生龍活虎，令人不可捉摸者，惟此耳⑤。

一、眼要疾

眼為心之苗，目察敵情，達之於心⑥，然後能應敵變化，取勝成功。然⑦交手之時，瞬息萬變⑧，眼不疾，即⑨不能察其動靜，識其變化，焉能⑩出奇制勝哉？

譜云：「心為元帥，眼為先鋒。」蓋言心之變動，均恃眼之遲疾⑪。然眼之疾，實練藝者之必要也⑫。

二、手要疾

手者，人之羽翼也⑬。凡捍蔽、進攻，無不賴之。但交手之道，全恃遲速。遲者負，速者勝，理之自然。故俗云：眼明手快，有勝無敗。

譜云：手起如箭、落如風，追風趕月不放鬆，亦謂⑭手法敏疾。乘其無備而攻之，出其不意而取之⑮，不怕其身大力猛，一動而即敗也。

三、腳要疾

腳者，身體之基也。腳立穩則身穩，腳前進則身隨之。形意拳中渾身力整，無一處偏重，腳進、身進，直搶敵人之位，則彼自仆⑯。

譜云：「手與腳合多一力。」又云：「腳打踩意莫容情，消息全憑後足蹬；腳踏中門搶他位，就是神手也難防。」又曰：「腳打七分手打三。」由是觀之⑰，腳之疾更當疾於手之疾也。

【注釋】

①疾：快；迅速。

②具：具備。

③方能：才能。

④目不及瞬：來不及眨眼。

⑤惟此耳：就是憑這（七疾）。

⑥達之於心：傳達到心。

⑦然：然而。

⑧瞬息萬變：（雙方的形勢）瞬息萬變。

⑨即：就。

⑩焉能：哪能。

⑪蓋言心之變動，均恃眼之遲疾：這是說心意的變動快慢，全看眼觀察的快慢。恃，依賴，仗著。

⑫然眼之疾，實練藝者之必要也：這樣說來，眼的疾快，實在是練習武藝的人必須具備的。然，然則，如此，那麼。

⑬手者，人之羽翼也：手是人的翅膀。

⑭亦謂：也是說。

⑮乘其無備而攻之，出其不意而取之：在對方沒有防備和意想不到的時間、方位攻取對方。

⑯則彼自仆：那麼對方自然會倒地。彼，他，對方。仆，跌倒。

⑰由是觀之：根據這些話來看。是，這，這些。

四、意要疾

意者，體之帥也①。前言眼有監察之精，手有撥轉之能，腳有行程之功②。然其遲速緊慢，均惟意之適從③。所謂立意一疾，眼與手、腳均得其要領。故眼之明察秋毫，意使之也；手出不空回，拳之精意使之也；腳之捷，亦④意使之捷也。然則意可不疾乎⑤？

五、出勢要疾

夫存乎內者為意，現乎外者為勢。意既疾矣，出勢更不可不疾也。事變當前，必勢隨意生，隨機應變，令敵人迅雷不及掩耳，張惶失措，無對待之策，方能制勝。若意變甚速，而勢疾不足以隨之，則應對乖張，其敗必矣⑥。故意勢相合，成功可決⑦；意疾勢緩，必負無疑。習技者可不加之意乎？

六、進退要疾

此節所論，乃縱橫往來、進退反側之法也。當進則進，竭其力而直前⑧；當退則退，領其氣而回轉⑨。至進退之宜，則須察乎敵人之強弱⑩。強則避之，宜以智取；弱則攻之，可以力敵。要在速進速退⑪，不使敵人得乘其隙。所謂「高低隨時，縱橫因勢」者是也⑫。

七、身法要疾

形意武術中，凡五行、六合、七疾、八要、十二形象等法，皆以身法為本。

譜云：「身如弩弓拳如箭。」又云：「上法須要先上身，手腳齊到方為真。」故身法者，形意拳術之本也。搖膀活胯，周身輾轉，側身而進。不可前俯後仰，左歪右斜。進則直出，退則直落。尤必⑬手與足合、肘與膝合、肩與胯合（即外三合），務使其周身團結，上下如一，雖進退亦不能破散。故必作到疾而不散，而身法之疾乃⑭見完成，不特速勝遲負之空理而已也⑮。

【注釋】

①意者，體之帥也：意是身體動作的統帥。

②前言眼有……腳有行程之功：前面講眼有監視、觀察的功能，手有撥轉的功能，腳有行走的功能。

③然其遲速緊慢，均惟意之適從：然而它們的遲速快慢，都要聽從意的指使。適從，應為「是從」。

④亦：也是。

⑤然則意可不疾乎：那麼意可以不快嗎？

⑥若意變甚速……其敗必矣：假如意的變動很快，但是出勢的速度跟不上，就會應對失常，那麼失敗也就是必然的了。乖張，不正常。

⑦可決：可以斷定。

⑧直前：徑直向前。

⑨領其氣而回轉：收住自己的攻勢往後退。

⑩至進退之宜，則須察乎敵人之強弱：至於進退的時機，則要看敵人的強弱。

⑪要在速進速退：總之，（出勢疾快的）關鍵在於速進速退。

⑫所謂「高低隨時，縱橫因勢」者是也：（這就是）所說的「高勢與低勢要隨著時機來變化，縱勢與橫勢要根據形勢來決定。」

按：這就是說，出勢與變勢都要快。

⑬尤必：尤其必須。

⑭乃：才。

⑮不特速勝遲負之空理而已也：不僅僅是快勝慢負的空理而已。特，只，但。

【譯文】

七疾，指的是眼要疾、手要疾、腳要疾、意要疾、出勢要疾、進退要疾、身法要疾。練習拳術的人具備了這七疾，才能（在實戰中）完全取勝。所說的縱橫往來，不及眨眼，就像生龍活虎，讓人不可捉摸的高手，靠的就是這七疾。

一、眼要疾

眼是心的視窗，眼睛觀察敵情，傳達到心，然後才能順應敵人的來勢，施展自己的變化，取勝成功。然而交手之際，戰場情況瞬息萬變，眼不疾快，就不能觀察對方的動靜，識破對方的變化，哪能出奇制勝呢？拳譜上說：「心為元帥，眼為先鋒。」這是說心意的變動快慢，全憑眼觀察的快慢。這樣說來，眼的疾快，實在是練習武藝的人必須具備的。

二、手要疾

手是人的翅膀。凡是捍蔽、進攻，無不依賴於它。但是交手的規律，全看快慢。遲慢的失敗，速快的勝利，這是自然之理。所以俗話說：眼明手快，有勝無敗。拳譜上說：手起如箭、落如風，追風趕月不放鬆，也是說手法要靈敏快疾。乘其無備而攻之，出其不意而取之，不怕他身大力猛，一動就打敗他了。

三、腳要疾

腳是身體的根基。腳站得穩則身穩，腳前進則身隨之前進。形意拳中渾身力量整實，沒有一處偏重，腳前進、身前進，直搶敵人的站位，那麼他自然會倒地。拳譜上說：「手與腳合多一力。」又說：「腳打踩意莫留情，消息全憑後足蹬；腳踏中門搶他位，就是神手也難防。」又說：「腳打七分手打三。」根據這些話來看，腳的疾快更應當快過手的疾快。

四、意要疾

意是身體的主帥。前面說眼有監視、觀察的功能，手有撥轉的功能，腳有行走的功能。然而它們的遲速快慢，都要聽從意的指使。所以說立意一疾，眼與手、腳的反應就都會恰到好處。因此，眼的明察秋毫，是意指使它的；手出不空回，是拳的精意指使它的；腳的快捷，也是意使它快捷的。既然這樣，那麼意可以不疾快嗎？

五、出勢要疾

藏在心裡的為意，表現在外面的為勢。意既已疾快了，出勢更不能不疾快。事變當前，必須勢隨意生，隨機應變，讓敵人感到迅雷不及掩耳，張惶失措，沒有對待的方法，才能制勝。假如意的變動很快，但是出勢的速度跟不上，就會應對失常，那麼失敗也就是必然的了。因此意與勢相合，成功可以斷定；意疾而勢緩，必敗無疑。學習武技的人能不在這上面加強注意嗎？

六、進退要疾

這一節所討論的，乃是縱橫往來、進退反側之法。該進就進，竭盡全力徑直向前；該退就退，收住自己的攻勢斷然返回。至於進退的時機，則要看敵人的強弱。強就避開他，此時適宜智取；弱就攻擊他，此時可以力敵。總之，（出勢疾快的）關鍵在於速進速退，不讓敵人利用我的空檔。（這就是）所說的「高勢與低勢要隨著時機來變化，縱勢與橫勢要根據形勢來決定」。

七、身法要疾

形意武術中，凡是五行、六合、七疾、八要、十二形象等法則，都要以身法為根本。拳譜中說：「身如弩弓拳如箭。」又說：「上法須要先上身，手腳齊到方為眞。」所以說，身法是形意拳術的根本。要搖膀活胯，周身輾轉，側身而進。而不可前俯後仰，左歪右斜。前進就直接向前打出，後退就直接往後退出。尤其必須手與足合、肘與膝合、肩與胯合（即外三合），務必要使自己周身團結在一起，上下形成一個整體，就是在進退的時候，（這種身法）也不能破開和散亂。所以必須做到疾快而不散亂，這樣，身法的疾快才算完全形成，而不僅僅是快勝慢負的空理而已。

第六章　起落鑽翻橫竪辨

按①五拳、十二形之起、落、鑽、翻、橫、竪數字②，學者最易模糊，即③教者亦未易明白指示。

蓋④一手⑤倏忽之間⑥，而六字皆備⑦焉。譜云：「起橫不見橫，落順不見順。」又云：「起無形，落無蹤。」言神乎技者⑧之巧妙無蹤，受之者與觀之者⑨俱不能知其所以然也。

然使⑩學者於初學時即⑪不辨其孰為⑫起落，孰為鑽翻，孰為橫竪，則用力從何處著手，心又從何處領會？此等處，教人者亟須辨之⑬。

竊謂⑭手之一動為「起」，由動而直⑮上出為「鑽」，鑽之後腕稍扭⑯為「橫」，由扭而使手之虎口朝上時為「翻」，既至⑰虎口完全朝上則為「竪」

矣，至豎而近於「落」矣⑱。

然又未必能遽落也⑲。或離敵稍遠，再以手前去而逼之，此前出之時即為「順」。

譜中鑽翻橫豎起落之外又有「落順不見順」之「順」字，即此也。及乎⑳學者既精，誠有神乎其神、不可捉摸之處，惟㉑初學時，則不可不逐條分別詳細言之耳。

如譜云：「束身而起，藏身而落。」此即㉒一身之伸縮變化而言也。「起如風，落如箭，打倒還嫌慢。」又即㉓一身與手足擊人而並言㉔之也。

又云：「不鑽不翻，一寸為先。」蓋敵已臨身，時機迫促，無暇鑽翻，且不及㉕換步，且將何以攻之乎？曰：在手直出。

然㉖，但手直出，周身之力又恐不整，故以寸步為先。寸步者，即是後足一蹬，前足直去，驚起四梢㉗，如此則渾身抖擻之力全注於不鑽不翻之手，敵人始能仰臥數武㉘之外。以上皆順字之效也。

【注釋】

①按：考查。
②數字：數個字；幾個字。
③即：即使是；即便是。
④蓋：發語詞。
⑤一手：猶「一招」；一出手。
⑥倏忽之間：指極短的時間。
⑦六字皆備：六個字都具備。
⑧神乎技者：神乎其技的人。
⑨受之者與觀之者：承受的人和旁觀的人。
⑩使：假使。
⑪即：就。
⑫孰為：什麼是。

⑬此等處，教人者亟須辨之：這些地方，教人的人急需要辨別清楚。亟，急切。

⑭竊謂：竊以為；私下以為。竊，謙辭，私下。

⑮直：徑直。

⑯腕稍扭：手腕稍微內旋。

⑰既至：已經達到。

⑱至豎而近於「落」矣：到了豎就接近於「落」了。

⑲然又未必能遽落也：然而又不一定能立即就落。遽，急，倉促。

⑳及乎：等到。

㉑惟：但是；只是。

㉒此即：這是就。

㉓又即：又是就。

㉔並言：一起說。

㉕不及：來不及。

㉖然：然而。

㉗驚起四梢：即心一驚而發欲衝冠、齒欲斷筋、舌欲摧齒、爪欲透骨。

㉘數武：數步。武，半步，泛指腳步。

【譯文】

考查五行拳、十二形拳的起、落、鑽、翻、橫、豎幾個字，學拳的人最容易模糊不清，即使是教拳的人也不容易明確地講出來。

蓋因為一出手的極短時間內，而六個字都具備了。拳譜上說：「起橫不見橫，落順不見順。」又說：「起無形，落無蹤。」這是說技術神妙的人，出手巧妙，不見蹤跡，被打的人和旁觀的人都不能知道它是怎麼回事。

然而假使學拳的人在初學時就分辨不清什麼是起落，什麼是鑽翻，什麼是橫豎，那麼用力應該從何處著手，心又應該從何處領會？這些地方，教拳的人亟須要辨別清楚。

竊以為手一動為「起」，由動而徑直向前上打出為「鑽」，鑽之後手腕稍微扭轉為「橫」，由扭轉而使手的虎口朝上時為「翻」，到了虎口完全朝上則為「豎」了，到了豎就接近於「落」了。

然而又未必能立即就落。也許此時離敵稍遠，再用手往前去催逼他，這個往前出手的時候就是「順」。

譜中鑽翻橫豎起落之外又有「落順不見順」的「順」字，就是指的這個。等到學拳的人已經精於技術的時候，確實有神乎其神、不可捉摸的地方，但是初學的時候，就不可以不逐條分別詳細講解。

如譜上說：「束身而起，藏身而落。」這是就一身的伸縮變化來說的。「起如風，落如箭，打倒還嫌慢。」又是就一身與手足擊人而一起說的。又說：「不鑽不翻，一寸為先。」蓋因為敵已臨身，時機緊迫，沒有時間鑽翻，而且來不及換步，那麼將用什麼方法攻擊對方呢？回答：在於將手徑直打出。

然而，光是手徑直打出，周身的力又怕不整，所以又以寸步為第一。寸步，就是後足一蹬，前足徑直前去，驚起四梢，這樣就能將渾身的抖擻之力全部貫注到不鑽不翻的手（來打擊對方），敵人才能夠仰跌於數步以外。以上都是「順」字的效果。

第七章 樁 法①

目向前視，身斜四十五度②。前膊約一百七十度，後膊約百十度③。兩腿約一百五十度④，前腳直⑤，後腳斜四十五度⑥。前手與心平，後手與臍平⑦。兩肩平⑧。

樁法必要：

頭頂，項豎，肩垂，抱胯，前膊裹肘，提膝，提肛，手心回縮⑨。

【注釋】

①樁法：這裡指三體式樁。

②身斜四十五度：即右腳在前時，身體半面向前、半面向左。左腳在前時反之。

③前膊約一百七十度，後膊約百十度：前手大小臂夾角約一七〇度，後手大小臂夾角約一一〇度。

④兩腿約一百五十度：兩腿的大小腿夾角約為一五〇度。

⑤前腳直：前右腳朝向正前方。

⑥後腳斜四十五度：後左腳朝向左前方，與正前方夾角為四十五度。

⑦前手與心平，後手與臍平：前手高與胸齊，後手與肚臍同高。

⑧兩肩平：兩肩鬆沉平齊，不可一高一低。

⑨頭頂……手心回縮：頭往上頂，項（即後頸）往起豎，肩往下垂，兩胯合抱，前臂的肘要向裡垂裹，兩膝提縱，提肛包臀，兩手心回縮。

下卷　分論

總論言其根底①，分論言其運用。如煉氣之功不於身手各處發揮之，何以見其充盈剛大之妙？曰五行拳，曰十二形拳，由拳而推之②劍與槍，皆丹田之氣凝聚而運用之者也。

學者逐式學之，實體③其六方④團聚之功，亦庶乎⑤其可以進矣。

【注釋】

①根底：基礎；根基。

②推之：推及。

③實體：實際體驗。

④六方：六個方向，即前、後、左、右、上、下。

⑤庶乎：猶言庶幾乎。近似，差不多。

【譯文】

總論講它（按：指形意拳術）的根基，分論講它的運用。假如（前面所講的）煉氣之功不在身手各處發揮出來，拿什麼表現它（按：指丹田之氣）的充盈剛大之妙呢？（後面所講的）五行拳、十二形拳，由拳再推及至劍與槍，都是丹田之氣的凝聚與運用。

學習者一式一式地學習它，實地去體驗它的六方團聚之功，也差不多可以進步了。

第一章 拳論

第一節 五行拳論

五行者，金、木、水、火、土也。在五臟為心、肝、脾、肺、腎，在形意武術則劈、崩、鑽、炮、橫也。五行配五臟，五臟配五拳，故習五拳即所以養五臟①。然人以心為主②，以氣為用，以丹田為根本。

丹田足則腎水足，精神旺；心氣足則腦力堅，神經敏；肺臟足，氣必充；肝臟足，力必猛；脾臟充盈，身體必健。

故五行拳，內養五臟，補腦力，保丹田；外強筋骨，捷手足，便耳目③。奧妙無窮，裨益匪淺④，習久自能知之也。茲分論之如下。

【注釋】

①故習五拳即所以養五臟：所以練習五行拳就是由它來滋養五臟。

②主：主宰。

③外強筋骨……便耳目：對於體外來說，則能使筋骨強健、手腳便利、耳目聰明。

④裨益匪淺：益處不小。裨，音ㄅㄧ，增添，補助。益，增加，增益，利益，好處。匪，非，不是。

口令副

立正，勢如第一圖。無論何種拳術，均以此為第一步。

開勢，勢如第二、第三圖。無論何種拳術，均以此為開勢。

第一圖

第二圖

第三圖

一、劈　拳

劈拳屬金，取其鋒利之意也。其氣發於肺臟①。筋稍②用力則肺臟舒，故劈拳可以養肺。

用功時，右手陽拳③從前心處鑽出，上④與鼻齊，曲至百十度⑤。左手從右手上鑽出⑥，然後放掌落下，曲約百七十度⑦，與左足齊進⑧。右手撤回肋下與臍平⑨，但不得過胯後。前手與心平（按：第一圖）。左手鑽，右手亦如之⑩（按：第二圖）。

頭向上頂，下顎要無形向前用力；兩足抓地，兩手如抓物；四肢用力平均，作四平式；手之虎口作半圓形，四指稍炸⑪；兩手出入，自前心處經過⑫，蓋取其兩手護心，兩肘護肋⑬；目向前直視，口須微閉，舌頂上嗓，使元氣不散，口不乾；齒扣，肩垂，則氣下行；身勢不前俯、不後仰，不左斜、不右歪，直出直入，手動足隨，循環不已。此拳剛中有柔，柔中有剛，功久而後有成，非易為也。

第一圖

第二圖

【注釋】

①其氣發於肺臟：它的氣是從肺臟發出來的。

②筋稍：手指腳趾為筋梢。

③陽拳：拳心朝上為「陽拳」。

④上：向前上打出。

⑤曲至百十度：即大小臂夾角約為一一〇度。

⑥左手從右手上鑽出：再將左手從右手上鑽出。

⑦曲約百七十度：左大小臂夾角約為一七〇度。

⑧與左足齊進：左手劈拳與左腳進步一齊。

⑨右手撤回肋下與臍平：與左手劈拳同時，右手拉回肋下與肚臍同高。

⑩左手鑽，右手亦如之：再左手鑽出，右手打出劈拳。

⑪四指稍炸：四指稍揸開。

⑫兩手出入，自前心處經過：即兩手中線出入。

⑬蓋取其兩手護心，兩肘護肋：這是採取它（按：指中線出入）兩手護心、兩肘護肋的功能。

二、崩 拳

崩拳屬木，而金剋木，故劈拳破崩拳。崩拳似箭，以其直而速也。其氣發於肝臟，骨節用力則肝臟舒，故崩拳可以養肝。

練此拳時，以劈拳開勢，然後兩手齊握①。右手平直向前打出，虎口朝上；左足進步與之相顧②；同時，左拳順胯③撤回至肋下，手心朝上（按：第一圖）。再使左拳打出，右拳順胯撤回（按：第二圖）。兩拳出入，均是左足在前。如此則肩胯相合，無限功用。連接不斷，前進不息。如欲後轉，則無論

第一圖

左右拳在前，均向右轉④，作龍形勢⑤。蓋因左腿在前，左轉不便故也。

此拳貴直貴速，宜猛不宜遲，手足如一⑥。譜云：「出洞入洞緊隨身。」「兩手不離身，手腳去快似風。」「疾上更加疾，打倒還嫌遲。」所以明其貴直貴速也。若其應用之妙，則功久者自知之。

第二圖

【注釋】

①齊握：一齊握拳。

②相顧：相照應。

③順胯：順著左胯。

④向右轉：即右後轉身。

⑤龍形勢：即「狸貓倒上樹」。

⑥手足如一：前手拳與後右足相互貫通，構成一個強大的彈性豎勁。

三、鑽　拳

鑽拳屬水，以①其有隙必入②也。其形似閃③，以其敏速，令人捉摸不著也。其氣發於腎臟，肉稍用力④則能補腎。

練時，仍以劈拳開勢。然後兩拳齊握，肘向裏裹，右拳從前心處鑽出，上與鼻齊，其角度與在肋下時同⑤；左手放掌向下，與臍平，至肋下（按：第一圖）。左手鑽，左足隨之⑥（按：第二圖）；右手鑽，右足隨之（按：第一圖）。內外相連⑦，手足相顧⑧，連環不斷。

第一圖

此拳本為肘打⑨，用力尤在肘⑩。肘向體中線裹擠，周身防護嚴密，使敵人無隙可乘。譜云：「先打顧法後打人」，此之謂也⑪。力既注於肘，故用之擊敵時，敵人如有防禦，則我之前手撤回，變為顧法；後手即進，而為打法。如此連接不斷，可謂顧打兼備矣。惟⑫進退之間，則在我用之如何耳。

第二圖

【注釋】

①以：因為。

②有隙必入：遇有空隙一定會鑽進去。

③閃：閃電。

④肉稍用力：即舌頂上齶，舌欲摧齒。肉稍（梢），指舌。

⑤其角度與在肋下時同：即前右手大小臂夾角仍為一一〇度左右（見上卷「第七章樁法」）。

⑥左足隨之：左足隨之進步。

⑦內外相連：即內三合。

⑧手足相顧：即外三合。

⑨肘打：這裡指肘向身體中線裹擠，進攻同時，自身防護嚴密（見下文）。

⑩用力尤在肘：演練時尤其要注意肘的裹擠。

⑪此之謂也：說的就是這個意思。

⑫惟：只不過。

四、炮 拳

炮拳屬火，以其暴發最烈也。其氣發於心臟，必得用血梢之力①，然後能

第一圖

第二圖

第三圖

養心血。練法亦先以劈拳開勢。右手向前與左手齊②。雙手握拳撤回，向上之手在臍間，向前之手在肋下③；同時，進一疾步立定。

「疾步」者，前足急進，後足緊跟，後足踏定，前足提起與脛骨平也④（按：第一圖）。然後，左手向上鑽挑，高出眉額，上膊⑤作半圓形；右手平直打出，如崩拳狀；左足進步與之相應⑥（按：第二圖）。然後，再作寸步，雙手撤回⑦。右手鑽挑，左手打出，與右足相應⑧（按：第三圖）。如此連接不斷。

惟此拳當⑨猛烈如燃炮，一手鑽挑，所以護已，兼以防敵⑩；一手崩出，所以乘敵人不備⑪。是以⑫有發必中，不容稍緩⑬也。

【注釋】

①用血梢之力：即渾身毛孔收緊，髮欲衝冠。血梢，指毛髮。

②右手向前與左手齊：（由三體式）先右手向前伸出與左手對齊。

③雙手握拳撤回……向前之手在肋下：再雙手一齊握拳拉回，身右擰；左手回到肚臍處，右手回到右肋下，左手拳心向上、拳面向右，右手拳心向上、拳面向前。

④「疾步」者……與脛骨平也：「疾步」，是指前（左）足先急進一步（按：此動與雙手前伸同時），再後（右）足緊跟、並向前（左）足的前面大進一步（按：此動與雙手拉回同時），後（右）足一踏定，前（左）足立即跟上提起，左足底與右裡脛骨（按：當為踝骨）相平並緊靠。

⑤上膊：這裡當指整個胳膊。

⑥右手平直打出……與之相應：身左擰，右手向左前方平直打出，像崩拳一樣；左足同時向左前方大進一步與之相呼應。

⑦再作寸步，雙手撤回：再左腳向前墊進半步，右腳跟提；同時雙手拉回，身左擰，右手回到肚臍處，左手回到左肋下，右手拳心向上、拳面向左，左手拳心向上、拳面向前。

按：左腳墊進方向有兩種，一種是向左前，一種是拐向右前。

⑧右手鑽挑……與右足相應：再右擰身，右腳向右前方大進一步，同時，右手鑽挑，左手向右前方打出，與右腳相呼應。

⑨當：應當。

⑩一手鑽挑……兼以防敵：一隻手鑽挑，是用來保護自己，並且用來防禦對方。

⑪一手崩出，所以乘敵人不備：另一隻手同時崩出，是為了乘敵人不備來打

擊他。

⑫是以：所以；因此。

⑬不容稍緩：容不得一點遲緩。

五、橫　拳

橫拳屬土，其形似彈①。彈，圓物也②。圓則上下兼顧，故橫拳亦肘打而兼顧法者也③。其氣發於脾臟，故能養脾。

以劈拳開勢，而兩手齊握，肘向裏裹，右手從左手下斜出；左足進步與之相顧；左手撤至肋下④（按：第一圖）。左手從右手下斜出，如右手狀；

第一圖

第二圖

而與右足相顧；右手撤至肋下⑤（按：第二圖）。此拳之妙，在拗步斜身，以橫破直⑥。譜云「起橫不見橫」，方為善用⑦。故武術離卻橫，即不能行其要，概可見矣⑧。

以上五拳，練法各自不同，其用亦甚異⑨。然至打法、顧法，則無不兼而有之⑩。且無論何拳，非僅前後兩手互為顧、互為打⑪也。即一手之出，亦無不兼而有之⑫。蓋手之出，必具起、落、鑽、翻、橫、豎六法⑬。凡⑭起、鑽、橫等字，均為顧法；而落、翻、豎三字，則為打法。至⑮前手、後手連環打出時，凡前手撤回，均為顧法；後手繼出，均為打法。形意武術中所謂「打破」而非「破打」者，即此也⑯！

【注釋】

①橫拳屬土，其形似彈：橫拳在五行中屬土，它的形象就像彈弓發射彈丸。

②彈，圓物也：彈丸是圓球形的東西。

③圓則上下……兼顧法者也：因為它是圓球形，所以一出手，上下左右都能照顧到，所以橫拳也是發揮肘部的裏擠作用，而在打法中兼有顧法。

④以劈拳開勢……左手撤至肋下：先以劈拳開勢。由劈拳勢（按：即三體式），兩手一齊握拳，前左手外旋，擰至拳心朝上，肘向裏裹。再右拳從左肘下一邊外旋、一邊向左前方斜著打出，至終點時成為拳心朝上。同時，左腳向出拳的方向進步與之相照應（按：右腳跟進半步）；左拳從右肘上邊內旋、邊拉回至左肋下，至終點時成為拳背朝上。

⑤左手從右手下斜出……右手撤至肋下：兩手不動，先左腳向前墊進半步。再右腳向右前方大進一步，左拳從右肘下一邊外旋、一邊向右前方斜著打出，與右腳上下相照應，至終點時成為拳心朝上。同時，右拳從左肘上一邊內旋、一邊拉回至右肋下，至終點時成為拳背朝上。

⑥此拳之妙……以橫破直：此拳的妙處在於拗步斜身，以我的斜橫勁破對

方的直勁。拗步，異側手腳在前為「拗步」，同側手腳在前為「順步」。斜身，身半面朝前、半面朝側為「斜身」。橫，這個橫，不是橫撥，而是我方出拳方向與對方出拳方向形成一個夾角，我方拳打向對方身體的同時，我方的肘及小臂將對方的來拳擠偏失效。

⑦譜云「起橫不見橫」，方為善用：拳譜上說的「起橫不見橫」，才是善於運用的表現。

⑧故武術離卻橫……概可見矣：因此武術離開了橫，就不能體現它的竅要，這是可以概略知道的。

⑨甚異：很不相同。

⑩然至打法……兼而有之：然而說到打法與顧法，則無不是兼而有之。打法，打擊對方的方法。

⑪前後兩手互為顧、互為打：即前後兩手一為顧手、一為打手。

⑫即一手之出，亦無不兼而有之：即便是只出一隻手，也無不是顧法與打

法兼而有之。

⑬蓋手之出……橫、豎六法：因為一出手，必定具備起、落、鑽、翻、橫、豎六種手法。

⑭凡：凡是。

⑮至：至於。

⑯形意武術……即此也：形意武術中所說的「打破」而不是「破打」，就是這個道理。打破，打就是破（破就是打）。破打，先破後打，破了再打。

第二節　十二形拳論

天生動物，各異其能，長於此者短於彼，未有能兼全者①。惟人為萬物之靈，故能採諸物之長以為己用，形意武術所以有十二形之別者，即此故也②。十二形者，龍、虎、猴、馬、鮀、雞、燕、鷂、蛇、鮐、鷹、熊也，分逑如左③。

【注釋】

①天生動物……未有能兼全者：自然形成的種種動物，各有特長，在這一方面擅長的，在另一方面就不擅長，沒有各種長處全面具備的。

②惟人為萬物之靈……即此故也：但是人為萬物之靈，故而能夠採取各種動物的特長來為自己所用，形意武術之所以有十二形拳的分別，就是這個緣故。

③分述如左：分別論述如下。

一、龍　形

龍之為物①，最擅長者，在能伸縮自由，變化不測。譜云：「龍有搜骨之法。」吾人欲效其形而制勝，非周身筋骨利便不可。故練龍形，惟覺身伏時力多在腿，而兩膝最為吃力；起時則多在腰，非腰有豎力不能。至②其伸縮變化，則又必用全身之力也。

劈拳開勢③。兩手握拳。左手收回，由前心上鑽，同時左腿提起④（按：

第一圖

第一圖）。渾身一齊收縮下伏。身向左，右手與左足在前，作拗勢，左足外橫⑤（按：第二圖）。再將右手上鑽，渾身展開上縱，即時落下。身向右，右足與左手在前，亦作拗勢，右腳外橫⑥（按：第三圖）。如是⑦連接不斷。

第二圖

第三圖

【注釋】

①龍之為物：龍這種動物。

②至：至於。

③劈拳開勢：即先打出左劈拳。

④兩手握拳……同時左腿提起：由左劈拳勢（按：即左三體式），兩手握拳。將前左手先收回，再由前心向上鑽出，同時左腿提起。

⑤渾身一齊……左足外橫：緊接著渾身一齊收縮，往下伏坐。身向左側，右手與左足在前，形成拗步扭身之勢，左足外橫約九〇度。

⑥再將右手上鑽……右腳外橫：由上式，將前右手先收回再向上鑽出，同時，右腿提起，渾身展開向上縱跳而起，再落下。腰身擰向右側，右足與左手在前，也是形成拗步扭身之勢，右腳外橫約九〇度。

⑦如是：如此。

二、虎形

虎之為物，撲力最強。所向無前①，猛不可當。吾人練虎形，所以能前撲有力者，其要點皆在於臀。惟②臀將下之力③向上一提，將後之力④向前一送，方能⑤將周身之力自背而達於腦，由腦而下注於⑥一撲。非領會臀力，不得練⑦此法也。

練法以劈拳開勢。右手向前與左手齊，兩手握拳，即時撤回肋下，疾步前進⑧（按：第一圖）。譜云所謂「虎有撲食之勇」者是也。兩手上鑽，肩膀下

第一圖

第二圖

垂，迨手與口平，前出放掌落下，與左足相顧⑨（按：第二圖）。左足寸步，兩手撤回肋下⑩。右足前進，兩手上鑽，放掌落下，與右足相顧⑪。如是左右連接不斷。

【注釋】

①所向無前：即「所向無敵」。無前，前面沒有敵手。

②惟：只有。

③下之力：由後腿向下的蹬力而產生的地對人的向前的反作用力。

④後之力：由後腿向下、向後的蹬力而產生的地對人的向上、向前的反作用力。

⑤方能：才能。

⑥下注於：往下貫注於。

⑦不得練：練不了。

⑧右手向前……疾步前進：此動解釋請參看上文「炮拳注釋」②、③、④。

⑨兩手上鑽……與左足相顧：接著，身扭向左前，左腳向左前大進一步；同時兩拳順著胸部往上鑽，拳心向裡；至手與口相平時，向前（按：即左前方）放掌撲出、落下至掌與胸平。注意肩膀下垂，臀部往前兜擠；手往前上鑽時腰微提，往前下撲出時腰沉坐。

⑩左足寸步，兩手撤回肋下：再左腳向前墊進半步，右腳跟提；同時雙手拉回肋下。

⑪右足前進……與右足相顧：接著，身扭向右前，右腳向右前大進一步；同時兩拳順著胸部往上鑽，拳心向裡；至手與口相平時，向前（按：即右前方）放掌撲出、落下至掌與胸平。注意肩膀下垂，臀部往前兜擠；手往前上鑽時腰微提，往前下撲出時腰沉坐。

三、猴形

猴生長山林①，攀援跳躍乃其長技②，故練猴形須跳躍敏捷，身法靈便。譜云：「猴有縱山之靈。」惟既縱之後，右手伸則左腿提，左手伸則右腿提，打時尤非膝力不可③。

練法以劈拳開勢。左手上鑽，左足作外行寸步，右足內行進步④，而左足退，右足亦退。左、右手各隨退步作劈拳勢⑤（按：第一圖、第二圖）。全身收縮作小勢⑥（按：第三圖）。然後躍跳而前，全身展開；左腿提起，右手前

第一圖

第二圖

伸與鼻齊⑦（按：第四圖）。左手劈出，與左足齊落⑧（按：第五圖）。右手上鑽，身向後轉，練法左右相同⑨。此拳練時，以項豎、齒扣、目靈、躥跳、敏捷為要⑩也。

第三圖

第四圖

第五圖

【注釋】

①生長山林：生長在山林之中。

②乃其長技：是它擅長的本領。乃，是。

③惟既縱之後……非膝力不可：但在縱跳之後，右手伸出則左腿提起，左手伸出則右腿提起，練習時尤其非用膝的力量不可。

④左手上鑽……內行進步：由左劈拳式（即左三體式，見劈拳第一圖，面向左），左手先拉回變拳，再鑽出，成拳心向上。同時，左腳外擺墊進少半步，身左後轉。緊接著，右腳裡扣進步到左腳前。

按：此時已完成左後轉身，成左拳、左腳在前（轉身後的「前」），相當於右劈拳的第一式（見本節猴形第一圖，此時面向右）。

⑤而左足退……作劈拳勢：再左腳後退一步到右腳後，右腳跟退半步。同時，左手拉回、右手伸出，隨著退步作右劈拳勢（見本節第二圖）。

⑥全身收縮作小勢：上動不停，再右腳撤到左腳後，左腳跟撤半步；左手

伸到右手前上一起拉回，全身收縮、微下蹲，成一個小三體式。（第三圖）

⑦然後躥跳而前……與鼻齊：然後向前上躥跳而起，全身展開。左腿提起，右手前伸與鼻對齊。（第四圖）

⑧左手劈出，與左足齊落：身落地時，右腳先落，再左腳進落到右腳前，同時左手從右手上劈出、右手從左手下拉回。（第五圖）

⑨右手上鑽……左右相同：再右手上鑽，同時，右腳外擺墊進到左腳前，身右後轉。緊接著，左腳裏扣進步到右腳前。

按：這一動可參看本節第一圖，只是前後、左右相反。

⑩要：要點。

四、馬　形

馬形譜云：「馬有蹟蹄之功。」「蹟蹄」者，馬走極快之時，後蹄能過①前蹄數武②，此其長也③。練馬形時，須後足向後一蹬，前足前進，後足再極力向前擁進，此步名曰「疾步」。

練法以劈拳開勢。兩手握拳，先進左足，右足疾進立定；右手崩出，左手撤附右手腕上；左足提起，與右脛骨平④（按：第一圖）。再進左足，打作順勢崩拳⑤（按：第二圖）。然後右足、右手作鑽拳勢⑥。此後練法左右相同，如是連接不斷⑦。

【注釋】

①過：超過。

②數武：數步。武，古時以六尺為步，半步為武。

第一圖

第二圖

③此其長也：這是它的特長。

④兩手握拳……與右脛骨平：由左劈拳式（即左三體式），兩手握拳。前（左）足先急進一步，再後(右)足緊跟、並向前（左）足的前面大進一步，後（右）足一踏定，前（左）足立即跟上提起，左足底與右裏脛骨（按：當為踝骨）相平並緊靠。與右足進步同時，右手打出崩拳，左手撤回、附在右手腕上。（第一圖）

⑤再進左足，打作順勢崩拳：再左腳進步，打出左手順步崩拳。(第二圖)

⑥然後右足、右手作鑽拳勢：然後，再左腳墊步，右腳進步，打出右手鑽拳。

⑦此後練法左右相同，如是連接不斷：這以後的練法左右相同，如此連接不斷。

按：根據左右對稱的關係，可以推出馬形下一組動作如下：

a. 由右鑽拳式，前（右）足先急進一步，再後（左）足緊跟、並向前

（右）足的前面大進一步，後（左）足一踏定，前（右）足立即跟上提起，右足底與左裏脛骨（按：當為踝骨）相平並緊靠。與左足進步同時，左手打出崩拳，右手撤回、附在左手腕上。

b. 再右腳進步，打出右手順步崩拳。

五、鮀 形

鮀形如守宮，當與鱷相近①。譜云：「有浮水之精。」則其為善浮之魚類可知②。練形時，其打法均用肘，故用力於肘最為重要。譜云「肘為一拳」者，此也③。

練法以劈拳開勢。拇、食二指伸開，餘皆捲握④。左手貼身上鑽，搖膀活胯，側身斜步，偏左而進。左手心向外，右足隨之提起與左脛骨平⑤（按：第二圖）。

隨即右手貼身上鑽，右足右進，左足隨之提起與右脛骨平，身法如一⑥

（按：第一圖）。如是左右連接不斷。

【注釋】

①形如守宮，當與鱷相近：的形狀像守宮，它的體型應當與鱷魚接近。守宮，壁虎。

②譜云……魚類可知：（形意）拳譜上說：「有浮水的特長。」由此可知它是一種善於浮水的魚類。

③譜云……此也：（形意）拳譜講「肘為一拳」，說的就是這個。

④拇、食二指伸開，餘皆捲握：由左劈拳式（即左三體式），兩手拇指和

第一圖

第二圖

食指伸開，其餘各指都捲握起來，成「八」字形掌。

⑤左手貼身上鑽……與左脛骨平：先左手收回，小臂外旋，手心朝裏，貼身上鑽。再搖膀活胯，左擰身，左腳向左前方進步，右腳隨即跟提，右腳底與左裡踝骨相平緊靠；同時，左手領著小臂向左前方橫著撐出，邊橫撐邊內旋小臂，至左手心向外，注意肘部撐圓貫勁。（第二圖）

⑥隨即右手貼身上鑽……身法如一：接著，先右手小臂外旋、貼身上鑽，再隨著右腳向右前方進步，搖膀活胯，右擰身，右手領著小臂向右前方橫著撐出，邊橫撐邊內旋小臂，至右手心向外，注意肘部撐圓貫勁；左手邊外旋邊收回腹前。左腳跟提，左腳底與右裡踝骨相平緊靠。身法要整體協調如一。（第一圖）

六、雞 形

譜云：「雞有欺鬥之勇。」夫所謂「欺鬥之勇」者，豎腿①，伸頸，伺隙②而進，血流被面③，不稍④退卻之謂也。

練法劈拳開勢⑤。右手前伸，左手撤回肋下，左足向前寸步⑥。右足疾進立定，左足平提，同時左手前伸，右手撤回⑦（按：第一圖）。左足前進落下，右手、右足作劈拳勢打出⑧。左手前伸，右手撤回肋下，右足寸步⑨。左足疾進立定，右足平提，同時右手前伸，左手撤回⑩。右足前進落下，左手、左足作劈拳勢打出⑪（按：第二圖），如是左右連接不斷。

【注釋】

①竪腿：即蹬腿。

第一圖

第二圖

②伺隙：窺察（對方的）空子。

③被面：覆蓋臉部。被，被子，引申為覆蓋。

④不稍：一點也不。

⑤練法劈拳開勢：練法由劈拳開勢。

⑥右手前伸……向前寸步：由左劈拳式（即左三體式），右手向前打出，左手撤回肋下，左腳向前進步，右腳立即跟提。

⑦右足疾進……右手撤回：再右腳大進一步獨立，左腳跟提，同時左手向前打出，右手撤回肋下。（第一圖）

⑧左足前進……劈拳勢打出：再左腳墊步，右腳大進一步到左腳前，左手拉回，右手向前打出右手劈拳，成右三體式。

⑨左手前伸……右足寸步：參看注釋⑥，惟左右相反。

⑩左足疾進……左手撤回：參看注釋⑦，惟左右相反。

⑪右足前進……劈拳勢打出：參看注釋⑧，惟左右相反。

七、燕形

譜云：「燕有抄水之精①。」「抄水」者，向水而落，沾水而起之謂也②。練此形者，即取燕之抄水勢，故用力多在膊③，然後側身一斜，再注於手④。

練法劈拳開勢。左手裏裹，右手向左手下鑽挑與眉齊⑤。兩膊分開，伏身而進，左手順腿直出，如燕之抄水然⑥。右足進步立定，左足提起，與右脛骨平；右手抓襠，左手伏腕上⑦（按：第一圖）。左足前進，左手作劈拳勢打

第一圖

第二圖

出⑧（按：第二圖）。右手、右足前進，再作劈拳勢⑨。如是左右連接不斷⑩。

【注釋】

①燕有抄水之精：燕子有抄水的特能。

②「抄水」者……之謂也：所說的「抄水」，指的是燕子向著水面落下，一沾水就又飛上天。

按：抄水，將水抄起。

③膊：膀。

④再注於手：再將力貫注於手。

⑤左手裹裹……挑與眉齊：由左劈拳式（即左三體式），先左小臂外旋裹裹（按：即掩手），同時右手從左小臂下向前上鑽挑至與眉齊。

⑥兩膊分開……燕之抄水然：再腰身右擰，兩臂膊前後分開，身體下伏前進，左手順著前左腿反手往前鏟出，就像燕子抄水似的。

⑦右足進步……伏腕上：然後，左腿起立，右腳進到左腳前立定，左腳跟提；同時右手伸出抓襠（按：右手心朝上），左手撤回伏在右腕上。（第一圖）

⑧左足前進，左手作劈拳勢打出：再左腳進步，打出左手劈拳。（第二圖）

⑨右手、右足前進，再作劈拳勢：再左腳墊步，左手鑽出；右腳進到左腳前，打出右手劈拳。

⑩如是左右連接不斷：像這樣左右連接不斷。

按：以下再做右手燕子抄水、左手抓襠、右劈拳、左劈拳，動作可參看注釋⑤～⑨，惟左右相反。

八、鷂 形

譜云：「鷂有入林之巧①。」以其展翅側身，與別鳥不同也②。練此形，力多③在兩膊④。但燕形之在膊者，乃係後膊，且將後膊之力，側身而送於手⑤。此則後膊並不直向前來，前膊亦並不直向後去，惟身稍取斜勢，兩膊一抖，展翅側身，乃入林之巧也⑥。

練法亦⑦劈拳開勢。左手裏裹，右手由下上鑽，有似燕形⑧。惟左足寸步時，左拳隨之鑽出，非如燕形之順腿進也⑨。然後，右手、右足前進，似馬形第一節⑩（按：第一圖）。左足進步，打做順勢炮拳⑪（按：第二圖）。右手、右足打做鑽拳勢⑫，如是左右連接不斷⑬。

【注釋】

①鷂有入林之巧：鷂子有入林穿行的妙技。

第一圖

第二圖

②以其展翅側身，與別鳥不同也：因為它在林中穿行時展翅側身，毫無掛礙，與別種鳥類不同。以，因為。

③多：大多。

④兩膞：兩膀。

⑤但燕形之在膞者……而送於手：（燕形的燕子抄水勢，用力也大多在膀，）但是燕形的在膀，乃是後膀，而且是將後膀的力，由側身而送到後手。

⑥此則後膞……入林之巧也：此形則是後膀並不一直向前來，前膀也並不一直向後去，只不過身稍微取一個斜勢，兩膀一抖，展翅側身，這乃是入林之巧。

按：燕形的燕子抄水勢，前右膀要大往後拉，後左膀要大往前插，而鷂形兩膀對開的幅度及身的斜度要小。

⑦亦：也是。

⑧左手裹裹……有似燕形：由左劈拳式（即左三體式），先左小臂外旋裹裹（按：即掩手），同時右手從左小臂下向前上鑽出，這一動類似於燕形。

⑨惟左足寸步時……順腿進也：只不過左腳墊步時，左拳隨之反手向前鑽出，而不是像燕形那樣順前左腿鏟出。

⑩然後……第一節：然後，再右腳疾進立定，左腳跟提，同時打出右手崩拳，與馬形第一節相似（只不過左手不在右手腕上，而是收回左肋下）。（第一圖）

⑪左足進步，打做順勢炮拳：緊接著，左腳進步，打出左手順步炮拳。（第二圖）

⑫右手、右足打做鑽拳勢：再右拳繞後弧收回右肋下，右腳進到左腳前，打出右手鑽拳。

⑬如是左右連接不斷：像這樣左右連接不斷。

按：以下再由右鑽拳勢（相當於右劈拳的作用），接做對側的鷂形動作，參看注釋⑧～⑨，惟左右相反。

九、蛇形

譜云：「蛇有撥草之巧。」取其乘隙前進。故此法用力須注於肩，所謂「肩打」者是也。

練法劈拳開勢。右手向左肩前插去，手心向外扭轉；左手向右肋下插去，手心亦向外扭轉。均作顧法。左足寸步，右足疾進立定，左足提起，與右脛骨平①（按：第一圖）。左足前進，左手隨之前攉與膝齊，右手撤回肋下②（按：第二圖）。然後左足寸步，與左手相顧③。右腿前進，右手前攉④。如

第一圖

第二圖

是左右連接不斷。

【注釋】

①右手向左肩前插去……與右脛骨平：由左劈拳式（即左三體式），先左腳墊進半步，再右腳疾進到左腳前立定，左腳跟提。與右腳疾進同時，右手向左肩前插去，小臂外旋，手心向外扭轉（即手心扭向右）；左手向右肋下插去，手心也向外扭轉（手心也向右）。兩手都按顧法來做。（第一圖）

②左足前進……撤回肋下：緊接著，左腳進步，左手隨之向前上擢挑至膝的高度，右手撤回右肋下。（第二圖）

按：蛇形挑打要著力於肩。

③然後左足寸步，與左手相顧：然後左腳墊步，右腳跟提，左手插到右肩前，右手插到左肋下，手腳相應。

④右腿前進，右手前擢：再右腳進步，右手向前上擢挑，左手撤回左肋下。

十、鮐形

鮐為鷹之一種，譜云：「有豎尾之能。」又云：「臀尾為一拳。」蓋鮐之擊兔時，其身向下猛捕①，兩翅一裹②，然後再用兩腿一蹲③。

捕者，顧而思獲也④；裹者，恐其或逃也⑤；蹲者，胯打之也⑥。故練鮐形者，兩手皆落臍間，並不遠去，此為顧法。至打時，翻轉皆用胯，此所謂胯打之也⑦。

練法劈拳開勢。兩手握拳，同時上鑽與眉齊⑧（按：第一圖），然後用力分

第一圖

第二圖

開，所謂「白鶴展翅」者也⑨。先進右足，左足隨之，兩膊向裏裹擠至臍前⑩（按：第二圖）。如是左右連接不斷。

【注釋】

①捕：撲捉。

②兩翅一裹：即兩翅一合裹。

③兩腿一蹲：即兩腿一蹲，臀尾往前下一擠。

④捕者，顧而思獲也：撲捉，是為了得到它。

⑤裹者，恐其或逃也：合裹，是怕它逃掉。

⑥蹲者，胯打之也：蹲，是在用胯部打它。

⑦故練鮐形者……胯打之也：所以練鮐形的時候，兩手都落在肚臍處，並不遠去，這是顧法。至於打法，翻來轉去都是用胯，這叫作胯打。

⑧兩手握拳，同時上鑽與眉齊：由左劈拳式（即左三體式），兩手握拳落

至腹前，再同時上鑽至與眉齊。（第一圖）

⑨然後用力分開，所謂「白鶴展翅」者也：然後用力分開，各畫半圓落至腰部兩側，拳心均向上，這就是所說的「白鶴展翅」。

⑩先進右足……至臍前：再右腳大進一步到左腳前，同時兩臂向裏裹擠至肚臍前，左腳隨之跟進半步。（第二圖）

按：此動要注意臂部往前兜擠。

十一、鷹形、熊形

譜云：「鷹有捉拿之精，熊有竪項之力。」蓋此二形，要點皆在目。但鷹下視①，而頭不低；熊上視，而頭不仰。二者均有絕大項力，不過一伸、一竪而已②。至③鷹形打法之用力處，全在筋梢④，一如鷹之拿兔時，以一爪猛抓，以一爪備在胸前也。熊之用力處在膊⑤，如熊之抖擻威風時，兩膊之搖擺也。其打法必以兩手上鑽，緣不如此，與鷹鬥時，必不能及也⑥。

第一圖

第二圖

練法劈拳開勢。左手撤回肋下，右手上鑽及鼻⑦（按：第一圖）。左拳從右拳上鑽過，變作陰掌打出；右手放掌撤回肋下。右足進步，與左手相顧⑧（按：第二圖）。拗步斜身，連接不斷⑨。第一圖須目神上注⑩，身法收束，若熊之鬥鷹勢。第二圖須目神下注⑪，如鷹之戰熊勢。

【注釋】

①下視：往下看。

②二者均有……一豎而已：二者的後頸均有絕大挺力，不過一種是往前伸、一種是往上豎罷了。項，頸的後部。

③至：至於。

④筋梢：指鷹爪。

⑤膞：膀。

⑥其打法……必不能及也：它的打法必須兩手往上鑽，因為若不這樣，在與鷹打鬥時，一定會搆不著。緣，因為。

⑦左手撤回肋下，右手上鑽及鼻：由左劈拳式（即左三體式），左手撤回肋下，右手從左手上向前上方鑽出到鼻尖前。（第一圖）

⑧左拳從右拳上鑽過……與左手相顧：再身右擰，左拳從右拳上鑽出，變成陰掌，向右前下打出；右手放掌撤回肋下。同時右腳向右前方進步，與左手相照應（第二圖）。陰掌，掌心向下為「陰掌」。

⑨拗步斜身，連接不斷：以下再右腳向右前（或前）墊步，左手上鑽；左

腳向左前進步，右手打出。如此連接不斷。拗步，異側手腳在前為「拗步」。斜身，身半面向前、半面向左（或右）為「斜身」。

⑩目神上注：眼神向上注視。

⑪目神下注：眼神向下注視。

第三節　進退連環拳

劈拳開勢①。

第一式②

右手左足前進打出，同時左手撤至脇下，作崩拳式。（按：第一圖）

第一圖

第二式③

先撤右足落橫④。左手作崩拳式打出⑤，同時右手撤回至脇下，左足亦撤回至右足後，作龍形式。（按：第二圖）

第三式⑥

右手右足前進打出，作右腿崩拳式。（按：第三圖）

第四式⑦

先撤左足，兩手上鑽，兩背分開。

第二圖

第三圖

雙手落臍間，同時右足撤至左足前，作駘形式⑧（第四圖）。

第四圖

【注釋】

①劈拳開勢：也叫劈拳起勢。

②第一式：此式為進步（右）崩拳。

③第二式：此式為退步（左）崩拳。

④落橫：外橫著落地。

⑤左手作崩拳式打出：再左手作崩拳式打出。

⑥第三式：此式為順步（右）崩拳。

⑦第四式：此式為白鶴亮翅（即駘形）。

⑧先撤左足……作駘形式：先兩手在胸前搭成十字（右前左後）上鑽至頭部

前上方。再左腳向後撤半步（略偏向左），同時後背左右展開，兩手臂用力分開。再右腳跟撤半步到左腳前，同時兩手各畫半圓，向中合勁落至肚臍處成形式。（第四圖）

第五式①

右手向上鑽挑，高出眉額，作半圓形；同時，左手右足前進打出，作炮拳式。（按：第五圖）

第六式②

左手撤至臍間。不停，打出；同

第五圖

第六圖

時，右手、右足退回，作退步劈拳式③（按：第六圖）。

【注釋】

①第五式：此式為進步炮拳。

②第六式：此式為退步（左）劈拳。

③左手撤至臍間……作退步劈拳式：先右手臂外旋掩裹至鼻前，同時左手外旋撤回肚臍處，兩拳拳心均向上。緊接不停，右腳後退到左腳後，同時右手拉回，左手打出左劈拳。（第六圖）

第七式①

左手、左足同時撤回。不停，前進打出，作鮀形式②（第七圖）。

第七圖

第八式③

右手打出，左手撤回，同時，左足前進一步，作橫拳式④（第八圖）。

第九式⑤

左手、右足前進打出，同時右手撤回，作龍形式⑥（第九圖）。

第十式⑦

右手、左足前進打出，左手撤回，作崩拳式。

第十圖，如第一圖。

第八圖

第九圖

【注釋】

①第七式：此式為進步（左）鮀形。

②左手、左足同時撤回……作鮀形式：由上式（左劈拳式），左手、左腳同時撤回。左手變八字掌撤至肚臍處，手心朝上（右手同時變八字掌）；左腳撤至右腳處懸靠。緊接不停，再左手、左腳向左前方前進，打出左鮀形式。（第七圖）

③第八式：此式為衝步橫拳。

④右手打出，左手撤回，同時，左足前進一步，作橫拳式：由上式左鮀形式，左腳直接向左前方進一步，右腳跟進半步，左擰身，打出右手橫拳。（第八圖）

⑤第九式：此式也叫「狸貓上樹」。

⑥左手、右足前進……作龍形式：由前式右橫拳式，先右拳收回鑽出、右腳提蹬，再右腳前進踩落（腳外橫）、左手從右手上劈出、右手變掌拉回右肋下

成龍形式。（第九圖）

⑦第十式：此式為進步（右）崩拳。

十二形練法、用法既①如上所述矣，至②顧法、打法，則每拳無不俱備③。如龍形，起為顧法，伏為打法；虎形，鑽為顧法，落為打法；猴形，退為顧法，進為打法；馬形，前手為顧法，後手為打法；鮀形，起為顧，落為打；雞形，左手顧，右手打；燕形，展臂伏身為顧，抓備④為打；鷂形，左顧右打，右顧左打；蛇形，手顧肩打；駘形，臂顧胯打；熊形為顧法，鷹形為打法。雖其練法有定，而用法則無定⑤，故善用者，往往以顧作打；或打法甚精，即無須乎顧⑥。苟能探其本，以求之變化，豈有窮哉⑦？

十二形行功法及用法之外，尚有用力法⑧。惟此法非僅十二形有之，在五拳尤為重要⑨。蓋練形意武術者，能否得有功效，全在此也。

其法為何？即練拳作勢時，須將全身之力均注於⑩上、下、前、後、內、外六方⑪，不可偏於一處。務⑫使周身之力，團聚如球，方得⑬穩固不拔⑭，顧打兼全⑮。

茲就一身言之：其用力法，須頭頂下壓、穀道上提，兩膀外撐、兩腿內夾⑯。次就兩膊言之：背向前推，則手心後縮；肘向裏，則膀向外；肩向下，則腋向上⑰。次就一腳言之：腳心上提，後跟下蹬；趾向後，踵向前，四周向裏⑱。其他各處及骨節等，凡動作時，無不向六方用力者⑲。即在臟腑亦然：五臟向外鼓撐，而筋骨向內收縮，是亦不外六方用力之說也⑳。

【注釋】

①既：已經。

②至：至於。

③俱備：全都具備。俱，全，都。

④抓備：當為抓襠。

⑤雖其練法有定，而用法則無定：雖然它們都有一定的練法，但是用法沒有一定。

⑥故善用者……即無須乎顧：因此善於運用的人，往往將顧法作為打法用；或者打法很精妙，就沒必要顧了。

按：即將打法作為顧法用。

⑦苟能探其本……豈有窮哉：只要能夠積極探尋它的根本規律，追求用法的變化，哪有窮盡呢？苟，只要。豈，哪裡。

⑧十二形行功法及用法之外，尚有用力法：十二形在練法及用法之外，還有用力法。

⑨惟此法非僅十二形有之，在五拳尤為重要：只不過這種方法不僅僅在十二形裡面有，在五行拳中尤為重要。

⑩均注於：平均貫注於。

⑪六方：六個方向。

⑫務：務必；務要。

⑬方得：才能。

⑭不拔：不搖動。拔，搖動。

⑮兼全：兼有。

⑯茲就一身言之……兩腿內夾：現在先就一身來說：它的用力法，須要頭頂往下壓、榖道往上提，兩膀往外撐、兩腿往裏夾。茲，現在。

⑰次就兩膊言之……則腋向上：其次就兩臂來說：後背向前推擠時，則手心向後縮；肘向裏合時，則膀向外撐；肩向下沉時，則腋向上提。

⑱次就一腳言之……四周向裏：再次就一隻腳來說：腳心往上提，則腳跟往下蹬；腳趾向後收，則腳跟向前趾，四周向裏集中。

⑲無不向六方用力者：沒有不是向六個方向同時用力的。

⑳即在臟腑亦然……六方用力之說也：即使對於臟腑來說也是這樣：五臟向外鼓撐，而筋骨向內收縮，這也沒有背離六方用力的理論。是，這。

第二章 劍論

劍法種類，略與拳同①。蓋拳法所能者，劍法亦皆能之②。故劍法亦有五行劍、十二形劍之分。至其用法，則不外十種，即劈、砍、刺、撩、剪、掛、劃、裹、撥、圈是也。以下將五行劍、十二形劍分別言之。

副口令：

立正，勢如第一圖。無論何種劍術，均以此為第一步③。

開勢，如第二、第三圖。無論何種劍術，均以此為第二步④。

【注釋】

①略與拳同：大致與拳法相同。

第一圖

第二圖

第三圖

②蓋拳法所能者，劍法亦皆能之：因為拳法能做到的，劍法也都能做到。

蓋，連詞，表示原因。

③立正……以此為第一步：這一步的具體做法為：右手持劍、左手握拳立正。兩臂自然下垂於體側，兩手虎口向前。劍尖向前，要平，不可偏斜（見後面「劈劍」原文）。

④開勢……以此為第二步：這一步的做法為：由上述立正勢，兩手上鑽至

與口相平。左手握在右手下（即後），雙手捧劍。再左足前進，兩手同時劈出，與左足齊落。劍尖朝前上斜，與胸平（見後面「劈劍」原文）。

第一節　五行劍

一、劈　劍

劈劍開勢時，右手持劍、左手握拳立正。兩膊下垂，兩手虎口向前；劍尖向前，要平，不可偏斜；然後兩手上鑽與口平；左手在右手下，雙手捧劍；左足前進，兩手同時劈出，與左足齊落；劍尖上斜，與胸平（按：第一圖）。

隨即，兩手上鑽，右手心向外、左手心向裡，

第一圖

劍尖向下，左裹；左足寸步。右足前進，雙手劈出①（按：第二圖）。

次又右足寸步，劍向右裹；左足進步，雙手劈出②。如此左右循環不斷，各處用力，均與拳同。

第二圖

【注釋】

①隨即……雙手劈出：由劈劍起勢（第一圖），左腳墊進半步，同時兩手上鑽並向前順時針翻腕，右小臂內旋、左小臂外旋，右手心扭向外（即右）、左手心扭向裏（即左），使劍尖順時針畫圓，依次向前、向下、向左後運動，劍身從右前向左後裹護自身。隨即右腳大進一步到左腳前，雙手將劍劈出。（第二圖）

②次又右足寸步……雙手劈出：以下再右腳墊步，同時兩手上鑽並向前順時針翻腕，左小臂內旋、右小臂外旋，右手心扭向外（即右）、左手心扭向裏

（即左），使劍尖順時針畫圓，依次向前、向下、向右後運動，劍身從左前向右後裏護自身。隨即左腳大進一步到右腳前，雙手將劍劈出。

二、崩 劍

開勢與劈劍同。

雙手撤回臍間，劍尖朝上；隨即左足前進，右足緊跟；兩手持劍，向前平刺①（按：第一圖）。然後，左足再進一步，右足隨之；劍向下劈②（按：第二圖）。如是連接不斷，用力處亦與拳同。

第一圖

第二圖

【注釋】

①雙手撤回臍間……向前平刺：由劈劍起勢，先雙手撤回肚臍處，坐腕，將劍上挑至劍尖朝上。再左腳進步，右腳緊跟在左腳後；兩手挺腕前送，將劍立刃向前平刺。（第一圖）

②然後……劍向下劈：然後，左腳再進一步，右足跟進半步；雙手將劍先舉起（舉至手與口相平），再劈出並後拉至雙手回到肚臍處。（第二圖）

三、鑽　劍

劈劍開勢。

兩手撤至右肋下，劍尖下斜右畫①（按：第一圖）。左足寸步，右足進步，左足隨之；劍尖

第一圖

第二圖

上斜右撩②（按：第二圖）。次將兩手撤至左脇下，劍尖下斜左畫③。右足寸步，左足進步，右足亦隨之；劍尖上斜左撩④。如是左右連接不已，其用力處亦與拳同。

【注釋】

①兩手撤至右肋下，劍尖下斜右畫：由劈劍起勢，先兩手拉回右肋下並向前下翻按，使劍刃向右後下畫過，至劍尖向前下下垂。

②左足寸步……上斜右撩：接著，左腳墊步，右腳大進一步到左腳前，再左腳跟進半步。與右腳進步同時，將劍向右前上撩出，至劍尖朝右前上為止。

按：左腳墊步，當與劍往回畫同步。

③次將兩手撤至左脇下，劍尖下斜左畫：再兩手拉回左肋下並向前下翻按，使劍刃向左後下畫過，至劍尖向前下下垂。

④右足寸步……上斜左撩：接著，右腳墊步，左腳大進一步到右腳前，再

右腳跟進半步。與左腳進步同時，將劍向左前上撩出，至劍尖朝左前上為止。

四、炮　劍

劈劍開勢。

右足疾步，左足提起，與右脛骨平；同時，雙手撤回脇下，劍向右撥①（按：第一圖）。隨即，劍向左撩；左足進步，右足隨之。劍尖要平。左手向上作半圓形，與頂平②（按：第二圖）。

然後，左足寸步，劍向左撥，兩手至左脇下，左手附右手腕上③。右足進步，左足隨之。劍往右撩，左手仍附右手腕子

第一圖

第二圖

上④（按：第三圖）。用力處亦同炮拳。

第三圖

【注釋】

①右足疾步……劍向右撥：由劈劍起勢，前左腳先急進一步，再後右腳緊跟、並向前左腳的前面大進一步，後右腳一踏定，前左腳立即跟上提起，左腳底與右小腿裡側踝關節相平並緊靠。與右腳進步同時，身右擰，雙手拉回右脇處，將劍向右後撥去。（第一圖）

按：這一動右撥時，劍尖略高於劍把，以後講到「撥」同此。

②隨即……與頂平：隨即，再左腳向左前方進步，右腳隨之跟進半步。與左腳進步同時，身左擰，右手一邊外旋小臂、一邊將劍向左前上撩出（下刃朝上），劍尖略高於劍把；左手同時成劍指經身前向左後上畫弧至頭左側，臂成半圓形，手與頭頂相平。（第二圖）

③然後……附右手腕上：然後，左腳向左前方墊步，右腳跟提，劍向左後撥去，兩手至左脇下，左手成劍指附在右手腕上。

④右足進步……附右手腕子上：再右腳向右前方進步，左腳隨著跟進半步。與右腳進步同時，身右擰，右手一邊內旋小臂成反手、一邊將劍往右前上撩出（下刃朝上），左手仍成劍指附在右手腕上。（第三圖）

五、橫　劍

劈劍開勢。

左足撤至右足前，左撥；左足前進，右足隨之；劍向左砍①（按：第一圖）。次即左足寸步，右撥。右足進步，劍向右

第一圖

第二圖

砍，但左手須附右手腕上②（按：第二圖）。如是者③，左右連接不斷。

【注釋】

①左足撤……劍向左砍：由劈劍起勢，先左腳撤至右腳前，劍向左撥。再左腳向左前方進步，右腳隨之跟進半步；將劍向左橫砍。（第一圖）

按：此式第一動，劍向左撥後，劍身當在頭頂按俯視逆時針揮動一圈至右肩前，然後才能向左砍。

②次即左足寸步……附右手腕上：然後左腳向左前墊步，劍向右撥（並順勢將劍身在頭頂按俯視順時針揮動一圈至左肩前）。再右腳向右前進步，左腳隨之跟進半步，將劍向右橫砍。左手附在右手腕上。（第二圖）

③如是者：像這樣。

第二節　十二形劍

一、龍形劍

劈劍開勢。

兩手捧劍左圈，左足提起①（按：第一圖）。雙手刺出，左足同時前進橫落，身向左斜②（第二圖）。劍向右圈，左足寸步③。兩手刺出，右足前進橫落，身向右斜④。如此左右連接不斷。

第一圖

第二圖

【注釋】

①兩手捧劍左圈，左足提起：由劈劍起勢，先兩手捧劍逆時針向左圈劍，再左腳提起外橫著前蹬（第一圖）。左圈，向左圈劍，透過以腰帶動擰腕，使劍尖在身前走一個逆時針（練者看來）小圈，但要保持劍把在胸腹處基本不離位，這樣，劍身走一個圓錐面。

②雙手刺出……身向左斜：再雙手將劍刺出，左腳同時進步，外橫踩落，身向左扭。（第二圖）

③劍向右圈，左足寸步：然後左腳向前墊步，同時兩手捧劍順時針向右圈劍。

④兩手刺出……身向右斜：再雙手將劍刺出，同時右腳提蹬進步，外橫踩落，身向右扭。

二、虎形劍

劈劍開勢。

兩手捧劍向左圈，左足寸步、右足進一疾步立定，左足提起與右脛骨平①（按：第一圖）。左足進步，雙手刺出②（按：第二圖）。

然後，左足寸步，劍向右圈③。右足前進，雙手刺出④。如是左右連接不斷。

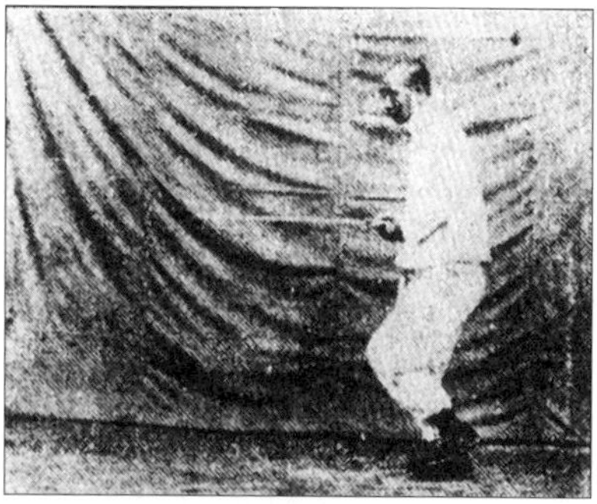

第一圖

第二圖

【注釋】

①兩手捧劍……與右脛骨平：由劈劍起勢，前左腳先急進一步，再後右腳

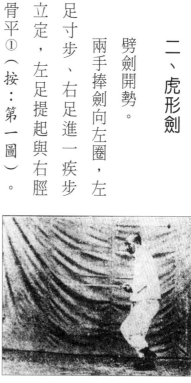

緊跟、並向前左腳的前面大進一步，後右腳一踏定，前左腳立即跟上提起，左腳底與右小腿裡側踝關節相平並緊靠。與右腳進步同時，兩手捧劍逆時針向左圈劍。（第一圖）

②左足進步，雙手刺出：緊接著，左腳向左前方大進一步，右腳跟進半步，雙手推劍向左前方刺出。（第二圖）

③然後……劍向右圈：然後，左腳向左前方墊步，右腳跟提，同時將劍順時針向右圈。

④右足前進，雙手刺出：緊接著，右腳向右前方大進一步，左腳跟進半步，雙手推劍向右前方刺出。

三、猴形劍

劈劍開勢。

兩手上鑽，劍向左裹。左足作外行寸步，右足內行進步①（按：第一

第一圖

第二圖

第三圖

第四圖

圖）。如此轉身後，兩手將劍劈出，左足同時撤步②（按：第二圖）。劍向右裹，劈出，右足撤步③（第三圖）。左足寸步，右足疾進立定，左足提起，劍向左撥④（按：第四圖）。左足進步，同時右剪⑤（按：第五圖，如第三圖）。

然後，兩手上鑽，劍向右裹。右足外行寸步，左足內行進步⑥。轉身後，兩手將劍劈出，右足撤步⑦。劍向左裹、劈出，左足撤步。右足寸步，左足疾進立定，右足提起，劍向右撥。右足進步，同時左剪。如此左右連接不斷。

【注釋】

①兩手上鑽……內行進步：由劈劍起勢（假設此時面朝西，見一八一頁第三圖），左腳外擺墊進少半步，身半左後轉；同時兩手上鑽並向前順時針翻腕，使劍尖順時針畫圓，依次向前、向下、向左後運動，劍身從右前向左後裹護自身。緊接著，右腳裏扣進步到左腳前（即西），身再左後轉。此時面朝東，左腳在前（即東）。（第一圖）

②如此轉身……同時撤步：像這樣轉身後（此時面朝東），兩手將劍劈出，同時左腳撤到右腳後（即西）。（第二圖）

按：此式為左後轉身退步劈劍。

③劍向右裹……右足撤步：然後，兩手上鑽並向前順時針翻腕，使劍尖順時

針劃圓，依次向前、向下、向右後運動，劍身從左前向右後裹護自身。隨即右腳撤到左腳後，同時雙手將劍劈出。

按：此式為退步劈劍。（第三圖）

④左足寸步……劍向左撥：然後，前左腳先急進一步，再後右腳緊跟、並向前左腳的前面大進一步，右腳一踏定，左腳立即跟上提起，左腳底與右小腿裏側踝關節相平並緊靠。與右腳進步同時，兩手將劍向左肩外挑撥。（第四圖）

⑤左足進步，同時右剪：再左腳進步，右腳跟進半步。與左腳進步同時，雙手將劍向前下（偏右）剪腕（第五圖，形同第三圖）。

按：此式為疾步剪腕。

⑥然後……左足內行進步：參看注釋①，惟左右相反，此時又轉到面朝西。

⑦轉身後……右足撤步：參看注釋②，惟左右相反。

按：此式為右後轉身退步劈劍。以下各動分別參看注釋③～⑤，都是左右相反的關係。

四、馬形劍

劈劍開勢。

左足寸步，兩手捧劍向前刺①。右足疾進立定，兩手撤回，左足提起，與右脛骨平②（按：第一圖）。兩手捧劍刺出，左足同時前進③（按：第二圖）。然後，兩手上鑽，劍向左裹，左足寸步。右足前進，劈出④。

第一圖

第二圖

右足寸步，劍向前刺。左足疾進立定，兩手撤回，右足提起與左脛骨平。兩手捧劍刺出，右足同時前進⑤。如此左右連接不斷。

【注釋】

①左足寸步，兩手捧劍向前刺：由劈劍起勢，左腳墊進一步，同時，兩手

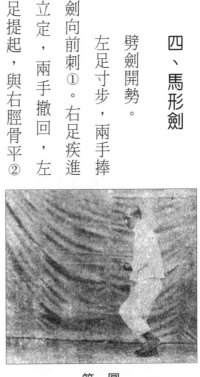

捧劍向前立刃刺出。

②右足疾進立定……與右脛骨平：上動不停，再右腳疾進一大步到左腳前，左腳跟提。與右腳疾進同時，兩手將劍拉回。（第一圖）

③兩手捧劍刺出，左足同時前進：再左腳大進一步，右腳跟進半步，兩手捧劍立刃刺出。（第二圖）

④然後……劈出：然後，左腳墊進半步，同時兩手上鑽並向前順時針翻腕，右小臂內旋、左小臂外旋，右手心扭向外（即右）、左手心扭向裏（即左），使劍尖順時針劃圓，依次向前、向下、向左後運動，劍身從右前向左後裏護自身。隨即右腳大進一步到左腳前，雙手將劍劈出。

⑤右足寸步……右足同時前進：參看注釋①~③，惟左右相反。

五、鮀形劍

劈劍開勢，兩手捧劍。

左足左進，右足隨之提起，與左脛骨平；兩手捧劍左圈，與頂平①（按：第一圖）。然後，右足右進，左足隨之提起，與右脛骨平；兩手捧劍右圈②（按：第二圖）。如此左右連接不斷。

第一圖

第二圖

【注釋】

①左足左進……與頂平：由劈劍起勢，左腳向左前方進步，右腳跟提。與左腳進步同時，兩手捧劍逆時針向左圈劍至劍尖與頭頂相平。（第一圖）

②然後……兩手捧劍右圈：然後，右腳向右前方進步，左腳跟提。與右腳

進步同時，兩手捧劍順時針向右圈劍至劍尖與頭頂相平。（第二圖）

六、雞形劍

劈劍開勢。

左足寸步，兩手捧劍前刺①。隨即撤回右劃，劍尖至右足前止；右足前進，左足提起②（按：第一圖）。兩手上撩，左足同時前進，與劍相顧③（按：第二圖）。次又兩手上鑽，劍向左裹，左足寸步。右足前進，兩手劈出④。

然後，右足寸步，兩手前刺。隨即撤回左劃，劍尖至左足前止；左足前

第一圖

第二圖

進，右足提起。兩手上撩，右足亦同時前進，與劍相顧。次即兩手上鑽，劍向右裏，右足寸步。左足前進，兩手劈出如原狀⑤。

【注釋】

①左足寸步，兩手捧劍前刺：由劈劍起勢，左腳墊進一步，同時，兩手捧劍向前立刃刺出。

②隨即撤回……左足提起：上動不停，再右腳疾進一大步到左腳前獨立，左膝跟提。與右腳疾進同時，兩手將劍往後劃回（略偏右），劍尖垂至右腳前方。（第一圖）

③兩手上撩……與劍相顧：緊接著，左腳向前進落，右腳跟進半步，兩手將劍向前上撩出，左腳與手要上下相照應。（第二圖）

④次又兩手上鑽……兩手劈出：然後，左腳墊進半步，同時兩手上鑽並向前順時針翻腕，使劍尖順時針劃圓，依次向前、向下、向左後運動，劍身從右前向左後裹護自身。隨即右腳大進一步到左腳前，雙手將劍劈出。

⑤然後……兩手劈出如原狀：參看注釋①~④，惟左右相反。如原狀，如劈劍開勢一樣（按：即左腳在前的劈劍式）。

七、燕形劍

劈劍開勢。

左足提起，即時落下。左手裏裹，順腿下插。右手持劍向右圈撤回①。右足進一疾步立定，左足提起與右脛骨平；劍往上撩，左手附於右腕上②（按：第一圖）。次則左足進步，劍向右掛，劈出，與左足相顧③（按：第二圖）。如是連接不斷④。

第一圖

第二圖

【注釋】

①左足提起……向右圈撤回：由劈劍起勢，前左腳撤提，同時左手離劍、左小臂外旋裹裹（按：即掩手）。再右腿下蹲，腰身右擰，身下伏，左腿貼地前伸；同時左手反手順著左腿外側向前下插去，右手持劍順時針向右圈劍並拉回至頭的右上方。

②右足進……附於右腕上：然後重心前移至左腿，左腿一蹬，右腳疾進一大步到左腳前獨立，左腳跟提。與右腳疾進同時，右手將劍往前上撩出，左手附於右手腕上。（第一圖）

③次則左足……左足相顧：接著，將劍向右後一掛，再隨著左腳進步，向前下劈出，與左足進步相照應（第二圖）。右掛，略同於劈劍「右裹」，惟手不上舉，見劈劍注釋②。

④如是連接不斷：以下再重複上述各個動作。

八、鷂形劍

劈劍開勢。

左足寸步，劍向前刺①。右足進一疾步立定，左足提起與右脛骨平。兩手捧劍，左掛垂下②（按：第一圖）。左足進步，劍向左撩③（按：第二圖）。如此循環不已④。

第一圖

第二圖

【注釋】

①左足寸步，劍向前刺：由劈劍起勢，左腳墊進一步，同時，兩手捧劍向前立刃刺出。

②右足進……左掛垂下：上動不停，再右腳疾進一大步到左腳前獨立，左腳

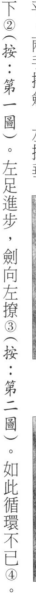

跟提。與右腳疾進同時，右手小臂內旋、反手將劍往後回掛（略偏左），劍尖下垂，左手反手置於右手下。（第一圖）

③左足進步，劍向左撩；再左腳進步，劍向前上（偏左）撩出（下刃朝上）。（第二圖）

④如此循環不已；然後右腳墊進到左腳前，兩手將劍撤回前刺……

九、蛇形劍

劈劍開勢，兩手捧劍。

左足寸步，右足隨之提起，與左脛骨平，劍向左劃①（按：第一圖）。隨即右足進步，

第一圖

第二圖

劍向右撩②（按：第二圖）。然後，右足寸步，左足隨之提起，與右脛骨平，劍向右劃③。隨即左足進步，劍向左撩。如是左右連接不斷。

【注釋】

①左足寸步……劍向左畫：由劈劍起勢，左腳向左前方墊步，右腳跟提。與左腳墊進同時，身左擰，右手將劍向身左側劃回（劍尖下垂），左手離劍上插到右肩處。（第一圖）

②隨即右足進步，劍向右撩：緊接著，右腳向右前方進步，右手將劍向右前上撩出，左手拉回左胯處。（第二圖）

③然後……劍向右劃：然後右腳向右前方墊步，左腳跟提，同時將劍向身右側劃回（劍尖下垂）。

按：此動疑當先換成左手持劍。

十、鮐形劍

劈劍開勢，兩手捧劍。

左足左進，劍向左圈①（按：第一圖）。兩手劈出②（按：第二圖）。次又右足右進，劍向右圈③。兩手劈出④。如是左右連接不斷。

第一圖

第二圖

【注釋】

①左足左進，劍向左圈：由劈劍起勢，左腳向左前方墊步，同時，逆時針向左圈劍。（第一圖）

②兩手劈出：再右腳經左腳裏側向右前方大進一步，同時，兩手將劍向右前下劈出。（第二圖）

③次又右足右進，劍向右圈：然後，右腳向右前方墊步，同時，順時針向右圈劍。

④兩手劈出：再左腳經右腳裏側向左前方大進一步，同時，兩手將劍向左前下劈出。

十一、鷹形、熊形劍

劈劍開勢，兩手捧劍上鑽；左足前進，劈出。

次又左足寸步，兩手捧劍上鑽①（按：第一圖）。右足前進，劈出②（按：第二圖）。如是左右連接不斷。

第一圖

第二圖

【注釋】

①次又左足寸步，兩手捧劍上鑽：由劈劍起勢，兩手捧劍，右小臂外旋，將劍下刃朝上鑽托，同時左腳向前墊步。（第一圖）

②右足前進，劈出：再右腳經左腳裏側向前（偏右）大進一步，同時，右小臂內旋，兩手將劍向前下（偏右）劈出。（第二圖）

第三節　進退連環劍

劈劍開勢。

第一勢①

左足寸步，向前平刺，作崩劍勢②。（按：第一圖）

第二勢③

右足退步，劍右劃。左足亦退，劍前刺④。（按：第二圖）

第一圖

第二圖

第三圖

第三勢⑤

左足進步，左掛。右足進步，前劈⑥。（按：第三圖）

【注釋】

①第一勢：此式為進步崩劍。

②左足寸步……作崩劍勢：左腳進步，右腳跟進到左腳後，兩手將劍向前

立刃平刺，作崩劍勢。（第一圖）

③第二勢：此式為退步反崩劍。

④右足退步……劍前刺：由進步崩劍式，先右腳退步，身右擰，右小臂內旋、右手反手拉回到頭右上，將劍向右後劃。再左腳退到右腳後，同時，身左擰，右手反手將劍向前刺出，左手附於右手腕。（第二圖）

⑤第三勢：此式為右進一步劈劍。

⑥左足進步……前劈：由上式，先左腳向右腳前墊步，同時將劍左掛。再右腳向左腳前大進一步，同時右手將劍向前下劈出；左手小臂內旋，反手上舉於頭的左上。（第三圖）

按：此式為右進步劈劍，「左掛」即「左裹」。

第四勢①

左足退步，劍左掛。右足亦退，劍向下劈②。（按：第四圖）

第五勢③

左足進步，劍左撥。右足進步，劍向右撩④。（按：第五圖）

第六勢⑤

左足進步，右足隨之，劍左圈左砍⑥（第六圖）。

第四圖

第五圖

第六圖

【注釋】

①第四勢：此式為退步劈劍。

②左足退步……劍向下劈：由上式，先左腳退墊半步，劍仍左掛（即「左裹」）。再右腳大退一步到左腳後，同時將劍劈出，雙手持劍。（第四圖）

③第五勢：此式為右炮劍。

④左足進步……劍向右撩：由上式，先左腳墊進到右腳前，將劍向左撥（參看炮劍第一圖，惟左右相反）。再右腳大進一步到左腳的右前，將劍向右前上反手撩出。（第五圖）

⑤第六勢：此式為進步橫劍。

⑥左足進步……劍左圈左砍：由上式，將劍左圈一圈。再左腳進步，右腳跟提，同時劍向左砍。（第六圖）

第七勢①

右足退步，左足隨之，劍右圈右砍②。（按：第七圖）

第八勢③

左足進步，劍向上撩④。（按：第八圖）

第九勢⑤

左足寸步，右劃。右足進步，劍向前刺⑥。

第九圖，見第二圖。

第七圖

第八圖

第十勢⑦

左足寸步，劍向前刺，作崩劍勢⑧。

第十圖，見第一圖。

【注釋】

①第七勢：此式為退步橫劍。

②右足退步……劍右圈右砍：再將劍右圈一圈；右腳退步，左腳跟提，同時劍向右砍。（第七圖）

③第八勢：此式為進步左炮劍。

④左足進步，劍向上撩：由上式，左腳直接進步，右手小臂外旋，反手將劍向前上（偏左）撩出。（第八圖）

⑤第九勢：此式為進步反刺。

⑥左足寸步，右劃。右足進步，劍向前刺。（第九圖，即第二圖）

⑦第十勢：此式為進步崩劍。

⑧左足寸步……作崩劍勢：再左腳進步到右腳前，兩手將劍先收回，再立刃向前刺出。（第十圖，即第一圖）

形意武術與別派不同，一切器械皆以拳為母。尖者，則槍法作用；刃者，則劍法作用①。故以上五行劍、十二形劍，練法均與拳相同。其中有擊法、顧法，且每一動作時，皆互為擊顧②。如劈、砍、刺、撩、剪為擊法，則掛、劃、裹、撥、圈為顧法③。故雖曰劈、曰砍，而動作時，均含有其餘九字之性質。是擊中有顧，顧中有擊也。

【注釋】

①尖者……則劍法作用：帶尖的，則發揮槍法的作用；帶刃的，則發揮劍

法的作用。

②且每一動作時，皆互為擊顧：而且每一個動作，都包含擊法和顧法。

③如劈、砍……圈為顧法：假如將劈、砍、刺、撩、剪作為擊法，則掛、劃、裹、撥、圈就是顧法。

按：劈劍中裹為顧法、劈為擊法；崩劍中劈為顧法、刺為擊法；鑽劍中劃為顧法、（正手）撩為擊法；炮劍中撥為顧法、（反手）撩為擊法；橫劍中撥為顧法、砍為擊法。

龍形劍、虎形劍中圈為顧法、刺為擊法；猴形劍中裹、撥為顧法，劈、剪為擊法；燕形劍、鷂形劍中掛為顧法，劈、撩為擊法。

第三章 槍 論

槍法之類別亦與拳同，有五行槍、十二形槍之分。其用法，則可分為圈、拿、撐、攔、掛、劈、砸、攉、挑、扎等十法，不過變換應用，各成一勢而已。以下將五行槍、十二形槍逐次述之。

副口令：

立正，勢如第一圖①，無論何種槍術，均以此為第一步。

開勢，勢如第二、第三圖②，無論何種槍術，均以此為第二步。

第一圖

第二圖

第三圖

【注釋】

①勢如第一圖：即立正持槍，右手握槍桿中上部，將槍立於身右。

②勢如第二、第三圖：由立正持槍式，右腳撤退一步，同時右手在原位、左手握槍中下部，將槍向前伸出（第二圖）；然後左手不離位、右手撤握槍根，同時身往下坐，成三體式樁步。

第一節　五行槍

一、劈　槍

右手持槍，立正開勢。半面向右，右足撤步，如劈拳勢①。兩手持槍右攔，左足寸步。右足前進，槍向前劈②（按：第一圖）。右足寸步，槍向左攔。左足進步，槍向前劈③（按：第二圖）。左右兩足，均如劈拳勢，進步亦同。如是左右連接不斷。

第一圖

第二圖

【注釋】

①右手持槍……如劈拳勢：見上頁預備式注釋①、②。半面向右，即半面向前、半面向右。

②兩手持槍……槍向前劈：由劈槍開勢，左腳墊步，右腳跟提，同時兩手將槍向右攔。再右腳大進一步到左腳前，同時兩手將槍向前下劈出，力達槍頭（第一圖）。

右攔，這是右上攔，左手外旋上提、右手原地內旋，兩手合力將槍的前部向前上偏右擰提（槍根仍在右肋處），將對方向我上部來的器械攔在身右。

③右足寸步……槍向前劈：然後右腳墊進，左腳跟提，同時兩手將槍向左攔。再左腳大進一步到右腳前，同時兩手將槍向前下劈出，力達槍頭（第二圖）。

左攔，這是左上攔，仍為左手外旋上提、右手原地內旋，兩手合力將槍的前部向前上偏左擰提（槍根仍在右肋處），將對方向我上部來的器械攔在身左。

二、崩　槍

劈槍開勢。

左足進步，右足隨之，槍向前扎與肩平①（按：第一圖）。槍向下砸，左足進步，右足亦隨之②（按：第二圖）。如是連接不斷。

第一圖

【注釋】

①左足進步……與肩平：由劈槍開勢，左腳進步，右腳隨之跟進到左腳後。與左腳進步同時，以右手之力將槍向前扎出，高與肩平，左手滑把至與右手相靠。（第一圖）

②槍向下砸……亦隨之：然後左腳進步，右足跟進半步，成三體式樁步。與左腳進步同時，兩手將槍向下砸。（第二圖，即劈槍第二圖）

三、鑽 槍

劈槍開勢。

槍向右攔，左足寸步①（按：第一圖）。右足進步，前扎②（按：第二圖）。然後，槍向左攔，右足寸步③。左足進步，前扎④。如是連接不斷。

第一圖

第二圖

【注釋】

①槍向右攔，左足寸步：由劈槍開勢，左腳墊步，同時兩手將槍向右攔（第一圖）。

右攔，這是右下攔，左手外旋下壓、右手內旋上提，兩手合力將槍的前部向前下偏右擰壓撥打，槍根提到右肩下，將對方向我下部來的器械攔在身右。

②右足進步，前扎：再右腳大進一步到左腳前，同時兩手將槍向前上扎出，力達槍尖。（第二圖）

③然後……右足寸步：然後右腳墊進，同時兩手將槍向左攔。左攔，這是左下攔，還是左手外旋下壓、右手內旋上提，兩手合力將槍的前部向前下偏左擰壓撥打，槍根提到右肩下，將對方向我下部來的器械攔在身左。

④左足進步，前扎：再左腳大進一步到右腳前，同時兩手將槍向前上扎出，力達槍尖。

四、炮　槍

劈槍開勢。

左足寸步，右足向左橫步，槍向左攔①。左足進步，正拿劈出②（按：第一圖）。左手向上，左撥，左足寸步③。右足前進，右手向上、左手向前，槍向前攉，如炮拳狀④（按：第二圖）。如是連接不斷。

【注釋】

①左足寸步……向左攔：由劈槍開勢，先左腳微墊進，再右腳向左腳的左後方橫向跟進一步。與右腳跟進同時，左手外旋下壓、右手內旋上提，兩手合力將槍的前部向前下偏左擰壓撥打，槍根提到右肩下。左攔，這是指左下攔。

②左足進步，正拿劈出：上動不停，再左腳進一步，同時緊接上面左攔之勢，兩手將槍順時針正拿劈出（第一圖）。

正拿，順時針圈拿為「正拿」。

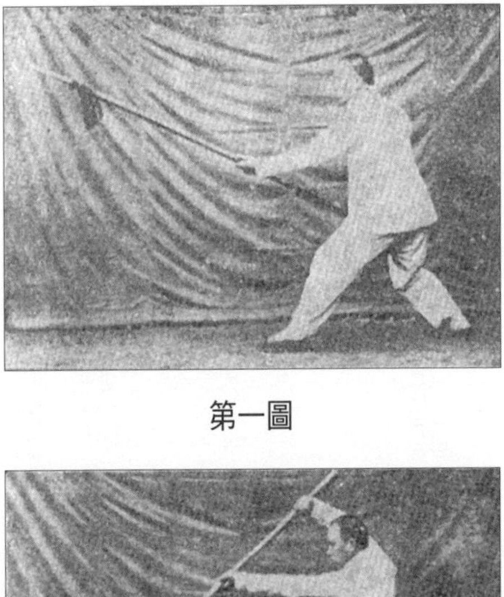

第一圖

第二圖

③左手向上，左撥，左足寸步：然後左腳墊步，同時腰身左擰，左手外旋至手心向上、右手內旋至手心向下，將槍向左撥，槍尖從右前上到左後下沿上弧運動。

④右足前進……如炮拳狀：上動不停，再右足向右前方大進一步，同時右手繼續內旋上舉、左手繼續外旋前推，將槍向右前上擢挑而出，槍尖從左後下向右前上沿下弧運動，就像炮拳似的。（第二圖）

五、橫　槍

劈槍開勢。

左足寸步，右足向左橫步，槍向左撥①（按：第一圖）。左足進步，槍向右橫

第一圖

第二圖

②（按：第二圖）。如是連接不斷。

後轉時，槍把前撐，槍尖向下劈，仍作劈槍勢③。

【注釋】

①左足寸步……槍向左撥：由劈槍開勢，先左腳微墊進，再右腳向左腳的左後方橫向跟進一步。與右腳跟進同時，左手外旋、右手內旋，兩手合力將槍的前部向左撥。（第一圖）

②左足進步，槍向右橫：再左腳進步，兩手合力並藉助於腰力將槍尖向右橫擊。（第二圖）

③後轉時……仍作劈槍勢：向後轉身時，先隨著轉身，兩手將槍把向（轉身後的）前上撐舉，再將槍尖劈下，仍成劈槍勢。

第二節　十二形槍

一、龍形槍

劈槍開勢。向左圈槍，左足提起①（按：第一圖）。疊手正拿，同時左足落下要橫②（按：第二圖）。

左足寸步，向右圈槍，右足提起③。反拿劈出，同時右足落下要橫④（按：第三圖）。如是左右連接不斷。

【注釋】

①向左圈槍，左足提起：由劈槍開勢，逆時針向左圈槍，同時左腳提起。（第一圖）

②疊手正拿，同時左足落下要橫：再疊手正拿劈下，同時左腳外橫踩落

第一圖

第二圖

第三圖

（第二圖）。

疊手正拿，即左擰身，右手外旋、向左腋下擰推，左手內旋、向右肩下擰推，使兩手臂相疊，槍尖順時針繞圈、槍身前部拿壓對方器械。

③左足寸步……右足提起：然後左腳墊步，同時順時針向右圈槍，右腳提起。

④反拿劈出，同時右足落下要橫：再將槍逆時針反拿劈出，同時右腳外橫

踩落。（第三圖）

按：此勢勢成時左手心朝上，右手心朝下。

二、虎形槍

劈槍開勢。

左足寸步，右足疾進立定，左足提起，同時向左圈槍①（按：第一圖）。左足進步，槍向前紮②（按：第二圖）。

左足寸步，向右圈槍③。右足進步，槍向前扎④。如是左右連接不斷。

第一圖

第二圖

【注釋】

①左足寸步……向左圈槍：由劈槍開勢，先左腳急進一步，再右腳大進一

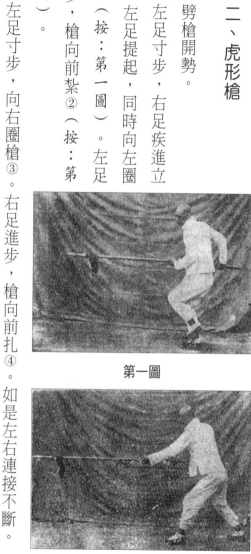

步到左腳前，左腳跟提。與右腳大進同時，兩手在腰的帶動下擰拉，使槍逆時針向左圈拿並回撤蓄勢。（第一圖）

②左足進步，槍向前扎：然後左腳向左前方大進一步，右腳跟進半步，兩手推杆，將槍向左前方扎出。（第二圖）

③左足寸步，向右圈槍：再左腳向左前方墊步，右腳跟提，同時將槍順時針向右圈拿。

④右足進步，槍向前扎：然後右腳向右前方大進一步，左腳跟進半步，兩手推杆，將槍向右前方扎出。

三、猴形槍

劈槍開勢。

槍向左撥，左足外行寸步，右足內行進步①（按：第一圖）。疊手劈槍，左足撤步②（按：第二圖）。順勢劈槍，右足撤步③（按：第三圖）。左足寸

第一圖

第二圖

第三圖

步，右足疾進立定，左足提起，兩手撤回抱槍④（按：第四圖）。左足進步，向前平刺⑤（按：第五圖）。如是連接不斷⑥。

【注釋】

①槍向左撥……內行進步：由劈槍開勢（面朝西，見二二〇頁第三圖），

將槍向左橫撥，同時左腳外擺墊進少半步，身半左後轉；緊接著，右腳裡扣進步到左腳前（即西），身再左後轉。此時面朝東，左腳在前（即東）。（第一圖）

②疊手劈槍，左足撤步：再左腳退一步到右腳後（即西），同時將槍疊手正拿劈下（第二圖）。

疊手劈槍，即疊手正拿劈槍，參看龍形槍注釋②。

③順勢劈槍，右足撤步：再右腳撤到左腳後，同時將槍逆時針反拿劈下（第三圖）。

順勢，同側手腳在前為順勢。

第四圖

第五圖

④左足寸步……撤回抱槍：然後，左腳寸進，再右腳疾進一大步到左腳前立定，左足跟提，兩手捲（左手外旋、右手內旋）撤成提步抱槍式。（第四圖）

⑤左足進步，向前平刺：再左腳大進一步，右腳跟進半步，將槍向前平刺。（第五圖）

按：此動當為劈槍。

⑥如是連接不斷：像這樣連接不斷。

按：下面再接轉身撥槍（轉至面朝西）、退步疊手劈槍、退步順勢劈槍、疾步提掛、進步劈槍。

四、馬形槍

劈槍開勢。

左足寸步，槍向前扎①。右足疾進立定，左足提起，槍即撤回②（按：第一圖）。左足進步，挫拿前扎③（按：第二圖）。如是連接不斷④。

【注釋】

①左足寸步，槍向前扎：由劈槍開勢，左腳墊進一步，同時將槍向前平扎。

②右足疾進……槍即撤回：上動不停，再右腳疾進一大步到左腳前獨立，左腳跟提。與右腳疾進同時，將槍逆時針擰轉抽回。（第一圖）

③左足進步，挫拿前扎：緊接著，左腳大進一步，右腳跟進半步，將槍把順時針擰轉，向前挫拿扎出（第二圖）。

挫，銼磨。拿，滾壓控制。

第一圖

第二圖

④如是連接不斷：像這樣連接不斷。

按：下一動應先將槍抽回，再寸步扎出。

五、鮀形槍

劈槍開勢。

左足進步，右足隨之，向左圈拿①（按：第一圖）。右足進步，左足隨之，向右圈拿②（按：第二圖）。如是左右連接不已。

【注釋】

①左足進步……向左圈拿：由劈槍開勢，左腳向左前方前進一步，右腳跟

第一圖

第二圖

提，同時將槍順時針向左圈拿。（第一圖）

②右足進步……向右圈拿：再右腳向右前方前進一步，左腳跟提，同時將槍逆時針向右圈拿。（第二圖）

按：本節第一圖當為疊手右圈，第二圖當為左圈。

六、雞形槍

劈槍開勢。

左足寸步，右足疾進立定，左足提起與膝平，同時攔槍①（按：第一圖）。左足進步，向上擢挑②（按：第二圖）。如是連接不已。

第一圖

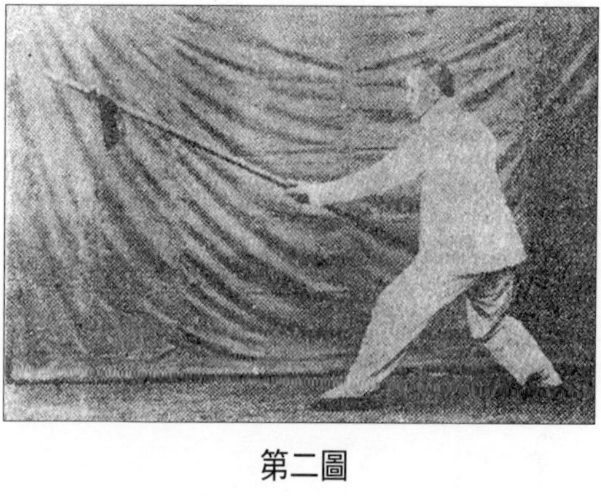

第二圖

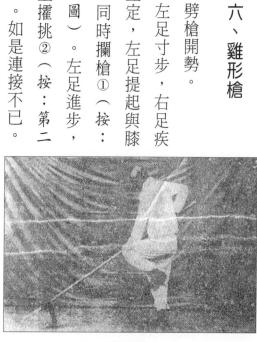

【注釋】

①攔槍：這是防扎腿。右手內旋上提，左手外旋下壓，槍向右攔。

②向上擢挑：一磕對方槍杆，立即順杆擢挑對方前手及身，不給對方將槍尖返上來扎我上部的機會。

七、燕形槍

劈槍開勢。

左足寸步。槍把前撐，右足疾進立定，左足提起，與右脛骨平①（按：第一圖）。槍尖前擢，左足進步，正拿劈出②（按：第二圖）。

第一圖

第二圖

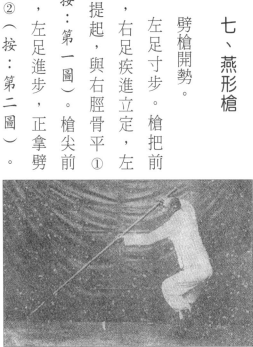

如是連接不斷。

【注釋】

①左足寸步……與右脛骨平：由劈槍開勢，先左腳急進一步，再右腳大進一步到左腳前，左腳跟提。與右腳大進同時，兩手將槍把向前上撐舉，左手外旋推舉到胸正前、右手內旋提舉到右額處，使槍尖指向前下。（第一圖）

②槍尖前擢……正拿劈出：緊接著，左手內旋上提、右手外旋下壓，將槍尖向前上擢挑；再隨著左腳進步，將槍正拿劈出。（第二圖）

八、鷂形槍

劈槍開勢。

左足寸步。右足疾進立定，左足提起，與右脛骨平，同時槍向左撥①（按：第一圖）。左足進步，槍向上擢②（按：第二圖）。如是連接不斷。

【注釋】

①左足寸步……槍向左撥：由劈槍開勢，先左腳急進一步，再右腳大進一步到左腳前，左腳跟提。與右腳大進同時，兩手將槍向左橫撥。（第一圖）

第一圖

②左足進步，槍向上擢：再左手外旋下壓、右手內旋上提，使槍身逆時針圈攪，槍尖到小腿前；然後隨著左腳進步，將槍尖向前上擢挑。（第二圖）

第二圖

九、蛇形槍

劈槍開勢。

左足寸步，槍把左撥、槍尖下劈①（按：第一圖）。右足進步，槍把前撐②（按：第二圖）。右足寸步，槍尖右攔③。左足進步，槍尖左擢④。如是左右連接不斷。

第一圖

第二圖

【注釋】

①左足寸步……槍尖下劈：由劈槍開勢，左腳向左前方墊步，右腳跟提；同時，右手邊向前滑動、邊向左腋下拉推，左手向右前下推按，使槍根部向左撥、槍尖向下劈，成疊手劈槍式。（第一圖）

②右足進步，槍把前撐：緊接著，右腳向右前方大進一步、左腳跟進半步，同時左手拉提至左額處、右手推送至胸正前，使槍身中部向右前上撐托、槍根部向右前挑打而出。（第二圖）

③右足寸步，槍尖右攔：然後右腳向右前方墊步，左腳跟提，同時左手前推、外旋上提，右手後拉內旋，兩手合力將槍的前部向前上偏右捲提（此時槍根在右肋處），將對方向我上部來的器械攔在身右。

④左足進步，槍尖左擢：再左腳向左前方大進一步，右腳跟進半步，同時兩手將槍尖向左前上擢挑而出。

十、鮐形槍

劈槍開勢。

左足進步，向左圈槍劈出①（按：第一圖）。右足進步，向右圈槍劈出②（按：第二圖）。如是左右連接不斷。

【注釋】

①左足進步，向左圈槍劈出：由劈槍開勢，左腳進步，同時將槍向左圈拿劈出。（第一圖）

②右足進步，向右圈槍劈出：再右腳進步，同時將槍向右圈拿劈出。（第二圖）

第一圖

第二圖

十一、鷹形、熊形槍

劈槍開勢。

右足進步，兩手上鑽，槍向前扎①（按：第一圖）。左足進步，下劈②（按：第二圖）。左足寸步，兩手上鑽，槍向前扎③。右足進步，下劈④。如是左右連接不斷。

向後轉時，槍把前撐，槍尖下劈，仍作劈槍勢⑤。

第一圖

第二圖

【注釋】

①右足進步……槍向前扎：由劈槍開勢，右腳向左腳前墊進，同時兩手上鑽前推（左手向後滑把）至口前，將槍向前扎出，槍尖高與頭齊。（第一圖）

②左足進步，下劈：再左腳大進一步到右腳前，同時兩手將槍劈下（左手向前滑把），使槍尖落至左腳前。（第二圖）

③左足寸步……槍向前扎：然後左腳墊步，同時兩手上鑽前推（左手向後滑把）至口前，將槍向前扎出，槍尖高與頭齊。

④右足進步，下劈：再右腳大進一步到左腳前，同時兩手將槍劈下（左手向前滑把），使槍尖落至左腳前。

⑤向後轉時……仍作劈槍勢：向後轉身時，先隨著轉身，兩手將槍把向（轉身後的）前上撐舉，再將槍尖劈下，仍成劈槍勢。

第三節　進退連環槍

劈槍開勢。

第一勢

左足寸步，作崩槍勢①。（按：第一圖）

第二勢

退步翻拿，作龍形勢②。（按：第二圖）

第三勢

右足寸步前扎③。（按：第三圖）

第四勢

疊手下砸④。（按：第四圖）

第一圖

第二圖

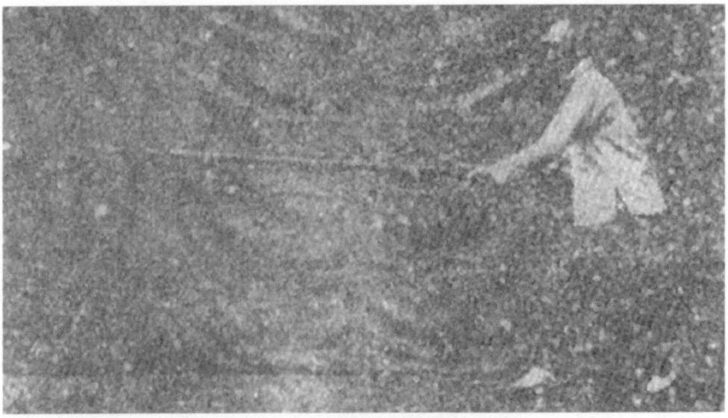

第三圖

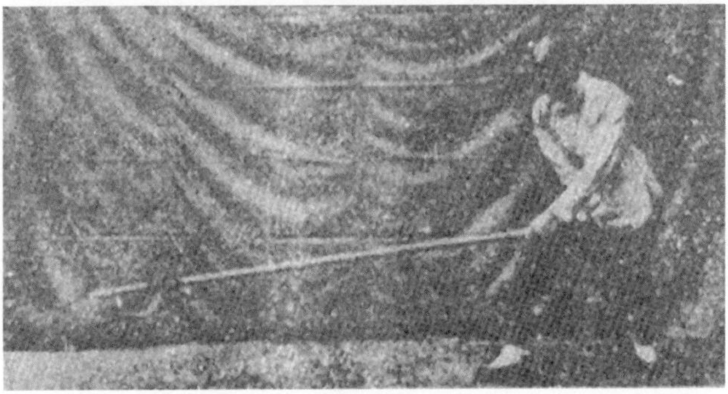

第四圖

第五圖

第五勢

左足進步，槍向下劈⑤。（按：第五圖）

第六勢

右足進步，槍向前擢，作炮槍勢⑥。（按：第六圖）

第七勢

槍向左圈，退步下攔⑦。（按：第七圖）

第六圖

第七圖

第八勢

左足寸步，向左搓拿⑧。（按：第八圖）

第九勢

右足進步，翻拿作龍形，如第二勢⑨。

第九圖，見第二勢。

第十勢

左足進步崩槍，如第一勢⑩。

第十圖，見第一勢。

第八圖

【注釋】

①第一勢……作崩槍勢：第一勢由劈槍開勢，左腳進步，右腳隨之跟進到左腳後。與左腳進步同時，以右手之力將槍向前扎出，高與肩平，左手滑把至與右手相靠，成崩槍勢。（第一圖）

②第二勢……作龍形勢：第二勢由崩槍勢，先右腳退墊半步、外橫落地，再左腳大退一步到右腳後、順向落地，與左腳退步同時，將槍逆時針反拿（即翻拿）劈出，成龍形勢。（第二圖）

按：此勢勢成時左手心朝上，右手心朝下。

③第三勢……右足寸步前扎：第三勢由龍形勢，後左腳一蹬地，前右腳調順進步，兩手合力擰轉前推，使槍杆逆時針旋轉、槍尖向前扎出中平槍。（第三圖）

④第四勢……疊手下砸：第四勢緊接上勢，步不動，身左擰，右手外旋推到左胯處，左手內旋逆時針推扣到右膝前，將槍尖正拿砸下，成疊手下砸之勢。（第四圖）

⑤第五勢……槍向下劈：第五勢左腳大進一步到右腳前，同時先右手拉回胸前、左手舉起，再隨落步，兩手合力將槍向下劈出。（第五圖）

⑥第六勢……作炮槍勢：第六勢右腳經左腳內側向右前方大進一步，同時

右手內旋上舉至頭的前上方、左手外旋擰托至胸前，兩手將槍向前上擢出，作炮槍勢。（第六圖）

⑦第七勢……退步下攔：第七勢由炮槍勢，先將槍逆時針向左圈拿，再右腳大退一步到左腳後，做退步下攔（向右攔）。（第七圖）

⑧第八勢……向左搓拿：第八勢緊接上動，將槍從下向右一攔，即翻向左方搓拿，同時左腳墊進一步。（第八圖）

按：這是半個動作，接下面第九勢，才成為一個完整的槍勢。

⑨第九勢……如第二勢：第九勢再右腳大進一步到左腳前，同時將槍繼續向左翻拿劈下，成龍形翻拿（即反拿）劈槍勢，與第二勢相同。（第九圖，見第二圖）

按：以上第八、第九兩勢要連貫，搓拿、翻拿及劈連貫一氣。

⑩第十勢……如第一勢：第十勢由上勢，左腳大進一步到右腳前，右腳隨之跟進到左腳後。與左腳進步同時，以右手之力將槍向前扎出，高與肩平，左手

滑把至與右手相靠，成崩槍勢，與第一勢相同。（第十圖，見第一圖）

槍之用法，有特別精奧①。用長則長，用短則短②。非如別派之悅人耳目者可比。其十種用法中，圈、拿、撐、攔、掛等均為顧法，劈、砸、擢、挑、扎等則為擊法③。顧擊雖可分立，而當動作時，則必互相連絡，一動俱動，擊、顧無不兼有之也④。

【注釋】

①槍之用法，有特別精奧：槍的用法，有特別精奧的地方。

②用長則長，用短則短：按長器械的方法來用就是長器械，按短器械的方法來用就是短器械。

③其十種用法……則為擊法：它的十種用法中，圈、拿、撐、攔、掛等都是顧法，劈、砸、擢、挑、扎等則是擊法。

④顧擊雖可分立……兼有之也：顧與擊雖然可以分開來講，但是在動作之時，則必須互相配合，在一個動作中將兩者都表現出來；因此每一個完整的動作中，擊與顧無不兼而有之。

歡迎至本公司購買書籍

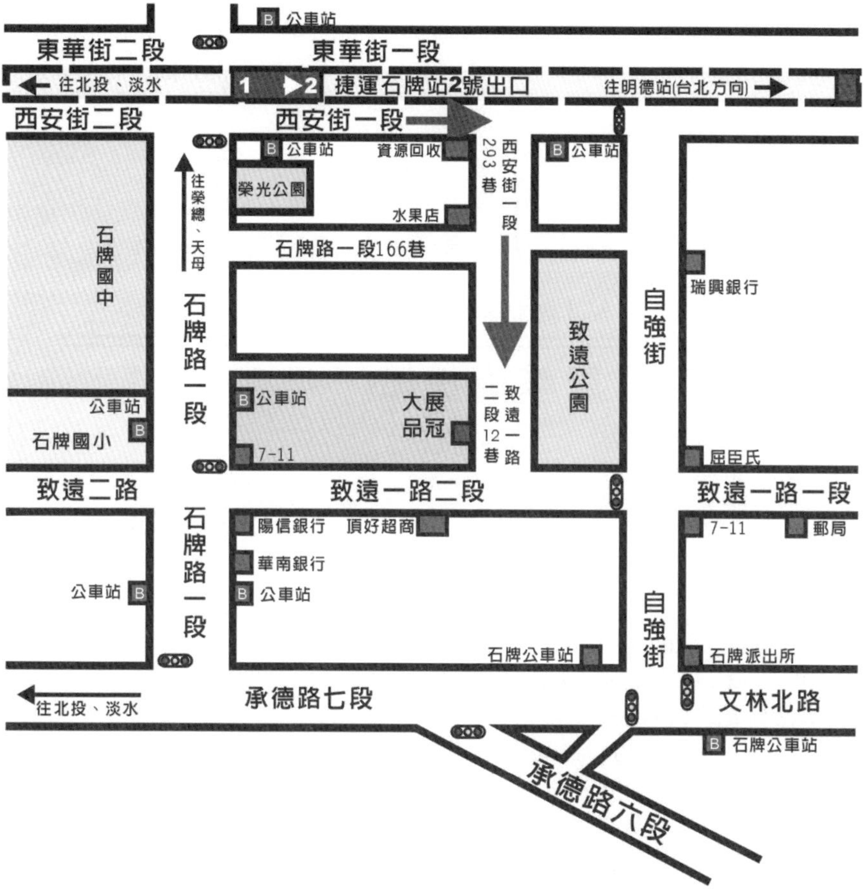

建議路線

1.搭乘捷運．公車

淡水線石牌站下車，由石牌捷運站２號出口出站(出站後靠右邊)，沿著捷運高架往台北方向走(往明德站方向)，其街名為西安街，約走100公尺(勿超過紅綠燈)，由西安街一段293巷進來(巷口有一公車站牌，站名為自強街口)，本公司位於致遠公園對面。搭公車者請於石牌站(石牌派出所)下車，走進自強街，遇致遠路口左轉，右手邊第一條巷子即為本社位置。

2.自行開車或騎車

由承德路接石牌路，看到陽信銀行右轉，此條即為致遠一路二段，在遇到自強街(紅綠燈)前的巷子(致遠公園)左轉，即可看到本公司招牌。

國家圖書館出版品預行編目資料

劉殿琛形意拳術抉微／劉殿琛　著
——初版，——臺北市，大展，2019〔民108.06〕
面；21公分 ——（武學名家典籍校注；13）
ISBN 978－986－346－249－1（平裝）
1.拳術
528.972　　108005316

劉殿琛　形意拳術抉微

著　　者／劉殿琛
校 注 者／王銀輝
責任編輯／胡志華
發 行 人／蔡森明
出 版 者／大展出版社有限公司
社　　址／台北市北投區（石牌）致遠一路2段12巷1號
電　　話／（02）28236031・28236033・28233123
傳　　眞／（02）28272069
郵政劃撥／01669551
網　　址／www.dah-jaan.com.tw
E-mail／service@dah-jaan.com.tw
登 記 證／局版臺業字第2171號
承 印 者／傳興印刷有限公司
裝　　訂／眾友企業公司
排 版 者／弘益電腦排版有限公司
授 權 者／北京科學技術出版社
初版1刷／2019年（民108）6月

定價／350元

大展好書　好書大展
品嘗好書　冠群可期

大展好書　好書大展
品嘗好書　冠群可期